Barbara Wenzel-Winter

Ein furzendes Katerchen

Illustrationen
Barbara Wenzel-Winter
&
Maxi Winter

Bibliographische Information Der Deutschen Bibliothek: Die Deutsche Bibliothek verzeichnet diese Publikation in der Deutschen Nationalbibliographie; detaillierte bibliographische Daten sind im Internet über <*http://dnb.ddb.de*> abrufbar.

2008 by Barbara Wenzel-Winter

Satz & Layout: Maxi Winter und Barbara Wenzel-Winter
Umschlagzeichnung: Maxi Winter
Herstellung & Verlag: Books on Demand GmbH, Norderstedt

Printed in Gernamy

ISBN
978-3-8370-8225-8

Ich witme dies Buch, wie alle anderen von mir bisher geschriebenen und noch zu schreibenden Bücher meiner Tochter Maxi ohne deren techische Kenntnisse im Umgang mit dem Computer all dies niemals möglich gewesen wäre. Ich danke ihr darüber hinaus für ihre moralische Unterstützung und nicht zuletzt für für die fantastischen Katzenkarikaturen, die ihr wie selbstverständlich aus der Feder geflossen sind.

Inhalt

Zwei Grusinier müssen her!

Alles wiederholt sich im Leben, wenn man Kinder hat, hätte ich nicht gedacht, ist aber so. Eben auch im Fall Hamster!

Natürlich mussten meine beiden Sprösslinge *auch* Hamster haben. Ein Kater reichte ihnen ja nicht. Selbstverständlich hatte ja nur *ich* als Kind zwei Hamster gehabt, das vergaß ich völlig. Und nur *ich* hatte ziemlich zwiespältige Erfahrungen mit den beiden Pelztierchen gemacht, nicht meine Kinder. Also alles noch mal von vorn. Ich hätte das gerne verhindert, aber wie? Etwa meinen Kindern sagen:

»Nicht Ihr habt die Mist-Viecher auf dem Hals, sondern ich! Ich muss den Käfig säubern, nicht ihr!«? Zwecklos! Hat schon bei meiner Mutter seinerzeit nicht geklappt. Die hat gar nicht erst versucht dies einzuwenden. Sollte ich etwa sagen:

»Die nagen alles an.«, oder *»Die Lebenszeit der Winzlinge ist nur sehr kurz.«* oder noch besser: *»Unser Kater wird sie über kurz oder lang verspeisen.«?* Das ist zu grausam, geht also auch nicht. Also Hamster kaufen gehen… Toll!

Normale Goldhamster sollten es nicht sein, warum denn auch, wenn's noch kleinere grusinische Graue gibt?

Natürlich mussten es zwei sein, weil einer allein sich einsam fühlt. Aber nicht Männchen und Weibchen, denn dann haben wir bald einen ganzen Hamsterstaat! Zwei Männchen also, nein auch nicht so gut. Da gibt es Rivalitäten. Dann zwei Weibchen, genau dasselbe in grün. Ja, was denn nun? Also doch zwei Männchen, Rivalität hin oder her. Und dann noch ein schöner großer Käfig, denn die beiden Grusinier dürfen sich ja nicht eingeengt fühlen! Mein Vater hat seinerzeit aus Maschendraht und einer Apfelsinenkiste selber eine Hamstervilla gebastelt, aus der die beiden Nager dann auch prompt sofort ausgebrochen sind. Weil dies jedenfalls nicht auch noch mal passieren sollte, kauften wir eben einen normalen schönen großen Hamsterkäfig. Hamsterfutter muss auch sein und nicht zu vergessen Kleintierspreu, aber auf gar keinen Fall ein Hamsterrad. Und ab nach Hause.

Wie konnte es anders sein, wurde der Hamsterkäfig im Wohnzimmer vor der Heizung installiert, *damit man sie immer beobachten kann!* Lieber hätte ich sie in die Küche im Souterrain verfrachtet, aber dort war es halt zu dunkel für die Viecher und angeblich zu kalt auf den Fliesen. Der Einwand, dass Nager einen

Eigengeruch haben, der vor allem von ungesäuberten Käfigen ausgeht, wurde nicht gelten gelassen und mit der Entgegnung:

»Wir machen den Käfig schon regelmäßig sauber«, weggefegt. Das wäre wirklich das erste Mal, von dem ich gehört hätte, dass Kinder selbst Katzentoiletten oder Hamsterkäfige säubern. Ist dann auch tatsächlich nur ein oder zweimal, wenn es hoch kommt, passiert.

Übrigens auch der Einwand, Hamster seien keine Puppen, sondern kleine empfindsame Lebewesen, wurde grinsend abgetan und die beiden Winzlinge als Passagiere der Playmobileisenbahn missbraucht, wie Kinder halt so sind.

EIN FURZENDES KATERCHEN

Wir waren gerade eingetroffen in unserem gemieteten dänischen Ferienhaus, hatten unseren Anhänger und Auto störungsfrei geparkt und uns völlig erschöpft von der langen Autofahrt zur Jammerbucht aufs Sofa fallen lassen, als wir vor der Terrassentür eine kleine graugetigerte Katze sitzen sahen, die augenscheinlich eingelassen werden wollte. Ich öffnete ihr die Tür und sie marschierte ganz zutraulich und ohne Scheu ins Haus. Sie wollte nicht nur ins Haus, sie wollte auch augenscheinlich etwas zu futtern haben, denn sie miaute anhaltend. In Ermangelung von Katzennahrung goss ich ihr ein wenig mitgebrachte Milch in eine Untertasse, die sie gierig ausschleckte. Woher kam die kleine gierige Katze, von einem Nachbarn? In einer Umgebung von hauptsächlich Ferienhäusern, konnte das sein? Eigentlich nicht. Wir hatten schon ein paar Mal zuvor dies Haus hinter den Dünen gemietet, aber Katzen in der Nachbarschaft waren uns nicht aufgefallen. Meine beiden Kinder, Maxi und Benny waren begeistert. Eine Ferienkatze, was konnte es Tolleres geben?

Als sie satt war, trollte sie sich wieder, um sich am nächsten Morgen durch lautes Gemaunze vor unserem Schlafzimmerfenster erneut bemerkbar zu machen. Sie wollte anscheinend zu uns, um sich ihre Streicheleinheiten abzuholen und dies von da

an jeden Morgen um die gleiche Zeit. Es stellte sich übrigens bei näherer Betrachtung heraus, dass unsere Urlaubskatze ein Katerchen war. Und noch ein recht junges dazu, er konnte nicht älter als ein halbes Jahr sein.

Er verbrachte jeden Tag länger bei uns. Inzwischen hatten wir uns mit Katzennahrung in Trockenform eingedeckt und fütterten das Katerchen so oft es bei uns auftauchte und das war oft, denn er hatte einen gewaltigen Appetit. Anscheinend wurde das Tier recht kurz gehalten, bekam also nicht genügend Futter. Immer allerdings, wenn unser kleiner Besuchskater gefressen hatte, verbreitete sich um ihn ein merkwürdig penetranter, etwas fauliger Geruch im Raum. Meine zwölfjährige Tochter Maxi brachte es auf den Punkt: „Er furzt," sagte sie empört und hielt sich angewidert die Nase zu. Den Rest der Familie störte dies weniger und ihr siebenjähriger Bruder ließ sich von der Pupserei nicht abhalten, um ihn zu streicheln oder mit ihm zu spielen. Maxi hingegen hatte von Stunde an eine Aversion gegen das arme Tier und immer wenn er ihr zu nahe kam, packte sie ihn im Nacken und setzte ihn vor die Tür.

Da an der Verdauungsstörung vermutlich das Katzenfutter in Trockenform Schuld war, hätten wir nun eigentlich die Art der Nahrung ändern müssen und Dosenfutter kaufen, aber da uns dies auf die Dauer doch zu kostspielig war, ließen wir die Fütterei den Rest unseres Urlaubs ganz sein. Unser pupsendes Katerchen nahm uns die abrupte Abwesenheit von zusätzlicher Nahrung jedoch nicht krumm und erschien nach wie vor eisern jeden Tag, um sich seine Streicheleinheiten abzuholen.

DER IGEL UNTER'M FALLROHR

Alles war hier in Dänemark ganz anders als zu Hause, auch die Geräusche wenn es dunkel wurde. Es war Oktober und um uns herum die meisten Ferienhäuser nicht besetzt. Das hatte zwar seine unschlagbaren Vorteile, denn man hörte tagsüber von Ferne nur das Rauschen der Brandung und keinen von Urlaubern verursachten Lärm, jedoch nachts und abends war die einsame Ecklage unseres Hauses sehr gewöhnungsbedürftig. Rechts neben uns, etwa fünfzig Meter entfernt, stand ein altes, wohl seit längerem unbewohntes Bauernhaus, das tagsüber unseren Kindern gelegentlich als Abenteuerspielplatz diente. Die nächste bewohnte Behausung lag, für Großstädter weite dreihundert Meter weit, an der Strasse zur nächst größeren Ortschaft.

Gelegentlich nahm ein alter Fischer in den frühen Morgenstunden unser Grundstück als Abkürzung zum Strand und marschierte stoisch ohne jeden Gruß an unserem Haus vorbei. Nachts auf dem Dachboden unseres Hauses ging es ganz besonders wild zu, dann wurden wir von einer Horde Marder heimgesucht, die dort ihre Parties feierten. Auch das nächtliche Knacken oder Knistern außerhalb des Hauses ließ mich des Öfteren angstvoll senkrecht im Bett sitzen und an Einbrecher glauben, die in böser Absicht das Haus umschlichen.

Eines Abends jedoch hörten wir noch nie zuvor gehörte Geräusche. Es war ein intensives Kratzen und Scharren in Richtung Terrasse. Was war das nun schon wieder? Etwa unser Vermieter, der einen kurzen Abstecher zu seinem kleinen Ferienhaus nebenan machte oder vielleicht doch ein Fremder, ein Spitzbu-

be, der unser Haus in böser Absicht umschlich?

Endlich trauten wir uns nach draußen, um nachzuschauen. Weit und breit war nichts zu sehen, nachdem wir das Terrassenlicht eingeschaltet hatten, jedenfalls nicht das, was wir vermutet hatten. Dafür sahen wir unter dem Fallrohr neben der Tür einen ziemlich großen, jetzt vor lauter Angst eingerollten Igel hocken, der augenscheinlich versucht hatte, sich unter dem Rohr durchzuquetschend, das Haus immer schön sicher an der Mauer entlang zu umrunden. Wir machten erleichtert das Licht aus und überließen den Igel seinen nächtlichen Abenteuern.

GRUSINISCHE REISEHAMSTER

Wohin mit Hamstern im Urlaub, wenn man vorhat nach Dänemark zu fahren und niemanden hat, der in der Zwischenzeit auf die inzwischen drei Nager aufpasst? Na, einfach mitnehmen!

Einfacher gesagt, als getan! Denn wir hatten unsern Ford Granada schon bis an sein Limit voll gepackt und die drei Kleinen samt Käfigen in den Anhänger ohne Aufsicht zu tun, war wohl auch nicht unbedingt das Wahre. Also doch in den Wagen, (die beiden Käfige waren übrigens nicht besonders klein) zu den Fressalien für die Reise und anderen ganz wichtigen Utensilien, wie Büchern, Spielzeug ect.

Jede Reise nach Dänemark glich jedes Mal mehr einem Umzug als einem Urlaub. Und was, wenn an der Grenze die Zollbeamten unsere kleinen Nager als gefährliche Krankheitsüberträger einkassierten? Das musste um jeden Preis verhindert werden, also beim Passieren derselben, den Käfig bis zur Unkenntlichkeit mit Garderobe, Jacken vermummeln und nach der Grenze in Krösa, wieder erleichtert entmummeln. Sie hatten sie nicht entdeckt, nicht mal einen Blick in ihre Richtung geworfen. Einmal, kurz bevor das Schengener Abkommen in Kraft trat, glaubten wir uns einfach so, ohne Kontrolle, durchschleichen zu können. Denkste Puppe, ein Grenzbeamter rannte uns mit wuterrötetem Kopf, händefuchtelnd hinterher, um uns empört hochnotpeinlich zu befragen, wie wir dazu kämen, ohne Ausweiskontrolle so einfach durchzurauschen?

Zweimal reisten wir so illegal mit unseren Hamstern nach Dänemark. Beim dritten Mal überließen wir Nager und Kater der Aufsicht einer Nachbarin. Prompt hatten sich beide Hamster in unserer Abwesenheit dermaßen in der Wolle gehabt, dass, vermutlich durch einen Biss seines Kollegen, einer der beiden einen richtig schön dicken, geschwollenen Schinken davongetragen hatte. Also, sofort zum Tier-Notarzt, denn es war Sonntag! Der stellte äußerst lapidar eine Entzündung durch besagten Hamsterhändel fest, gab dem Kleinen eine Spritze, sagte uns jedoch nicht was für eine. Darauf waren wir entlassen. Ich setzte den Hamster ganz vorsichtig auf die Ablage im Auto, machte den Karton auf, um zu prüfen wie es dem armen Tier nach dem ganzen Stress ging und was sah ich? Einen schon steifen toten Hamster. Ganz schön gruselig! Warum auch immer, er hatte die Prozedur nicht überstanden und wir hatten ab sofort nur noch einen einsamen grauen Grusinier. Also wäre es wohl doch besser gewesen, unsere grusinischen Reisehamster wieder mit auf die Reise zu nehmen.

DIE KOTZ-KATZE

Nicht nur, dass unser gestreiftes kleines Katertier haarte wie der Deibel, nein, es war auch alles voll von seinen Haaren: der dunkelbraune Teppich und auch unsere Cordsofas, einfach alles. Ich kroch von Stunde an nur noch mit dem Entfussler in unserer Wohnung herum und entfernte kiloweise Katzenhaare. Nein, er übergab sich auch in schöner Regelmäßigkeit. Noch bei keiner Katze, mit der ich zuvor zusammengelebt hatte, konnte ich beobachteten, dass sie ihren Mageninhalt nicht bei sich behalten wollte. Bei dieser hier war es augenscheinlich der Fall. Er verzierte in schöner Regelmäßigkeit unseren oben schon erwähnten dunkelbraunen Verloursteppich und auch unsere Sofas nicht nur mit den Restbeständen seines Fells, nein, auch mit langen Streifen seines Mageninhaltes. Dass sowohl Katzenhaare, als auch Übergeben miteinander in Verbindung standen, war mir seinerzeit noch nicht klar. Ich lernte erst mühsam, dass die beim Lecken des Fells in den Magen beförderten Haare auch wieder irgendwie heraus müssen und wie, eben durchs Kotzen und nicht durch den anderen Ausgang,

24

wie man praktischerweise vermuten könnte. Und da unser Kater bemüht war, sehr sauber zu sein und sich lange und ausgiebig leckte, war das Ergebnis dementsprechend. Praktischerweise warnte er uns jedes Mal mit charakteristischen Würgegeräuschen. Meistens gelang es uns jedoch nicht rechtzeitig ihn uns zu schnappen und an die Luft besser auf unseren Balkon zu befördern. Aber selbst auf diesem war dann das Ergebnis kein Besseres. Da lag dann etwas länglich, braunes, undefinierbar Gekörntes, bei dem die eben genossenen Breckies nur noch durch die Farbe zu erkennen waren und das nicht besonders gut roch und schnellstens entfernt werden musste. Sehr oft allerdings reierte unser Muzel in unserer Abwesenheit auf den Teppichboden. Wenn ich dann am Nachmittag völlig erschossen von der Arbeit nach Hause kam, wartete erst einmal eine schleimige Überraschung auf mich.

Unser Kater dekorierte auf diese Weise nicht nur unsere Wohnung, nein, auch das Dach eines Schuppens, den er stets auf seinem Weg von unserem Balkon in den Hof des Hauses überquerte. Genau auf diesem mit Dachpappe belegtem Schuppendach verteilte er dann seinen Mageninhalt, weithin für alle Nachbarn ringsum sichtbar. Beim ersten Anzeichen von Würgegeräuschen auf den Balkon gescheucht, schaffte er es mitunter eben nur auf das Dach besagten Schuppens, bis es mit aller Gewalt aus ihm heraus kam. Nur bei sehr starkem Regen, der nicht sehr häufig auftrat, wurde diese Hinterlassenschaft beseitigt. Meist aber trocknete alles langsam zu einer krümeligen Masse zusammen und wurde vom Wind beseitigt. Mitunter wurde das Schuppendach von mehreren Hinterlassenschaften dieser Art verziert und diese hielten sich peinlicherweise auch sehr lange.

Wir vermuteten nicht ganz zu unrecht, wenn wir denn eines schönen Tages das Mietverhältnis dieser Wohnung beenden und ausziehen würden, wäre das besagte Dach unter Garantie dicht übersät mit Kotzspuren und wir (grauenhafte Vorstellung) wären dann genötigt, dies unserem nicht besonders toleranten Vermieter irgendwie zu erklären.

ABGEBISSENE GÄNSEBLÜMCHEN

Meine Eltern hatten beschlossen einen Hund anzuschaffen. Ein großes Exemplar konnte und sollte es
nicht sein, dies wäre in einer nicht sehr großen Wohnung zum Problem geworden. Ich weiß nicht genau
warum, aber die Wahl fiel auf einen Dackel. Ich vermute jedoch, es sollte deshalb ein Dackel sein, weil
meine Eltern kurz nach dem Krieg schon mit einem
Rauhaardackel namens Lümper Erfahrungen, allerdings etwas dubiose, gesammelt hatten. Lümper war
der Hund meines Vaters und obwohl angeblich Jagdhund, war sein Jagdinstinkt nicht sehr ausgeprägt.
Sein Charakter ließ zu Wünschen übrig, er war halt
nicht der Mutigste. Auf Streifzügen meines Vaters über
die Felder des Gutes Groß-Below erstarrte er regelmä-

ßig, wenn er eines Hasen oder Kaninchens angesichtig wurde. Statt hinter diesen hoppelnden Mümmlern herzurennen, sie zu stellen, verkroch er sich ängstlich hinter den Beinen meines Vaters. Warum auch immer, scheinbar hatten es diese Kummbeiner meinen Eltern trotz allem angetan. Diesmal sollte es allerdings kein Rauhaardackel, sondern ein Zwerglanghaardackel sein. Meine Eltern besorgten sich die Adresse einer Züchterin und machten sich mit der Straßenbahn auf nach Mühlheim Ruhr, um mit einem männlichen Dackelbaby zu mir zurückzukommen. Ich war mehr als begeistert, ob dieses tapsigen kleinen Wesens. Ich beschloss ihn Blasius zu taufen.

Unser neues Familienmitglied war kein gewöhnlicher Wald- und Wiesendackel, er hatte einen langen, langen Stammbaum, war also ein Dackelaristokrat. Er bekam von mir den Phantasie-Familiennamen *von Rohmarken* verpasst, weil mir sein richtiger nicht besonders gefiel. Er hieß jetzt also mit vollen Namen Blasius von Rohmarken. Ein toller Name, der allerdings zu dem kleinen, etwas mickrigen, krummbeinigen Wesen noch nicht so recht passen wollte. Wie ein richtiger Langhaardackel sah er noch nicht aus. Der Kopf noch viel zu groß, der Körper zu schmal und der Schwanz, Rute genannt, noch zu kurz und nicht buschig genug. Aber er hatte ein wunderschönes rotbraunes Fell, das allerdings auch noch zu kurz war. Da ich seinerzeit noch keine rechte Vorstellung hatte, wie ein Langhaardackel auszusehen hat, nahm ich ihn halt so wie er war. Mir war natürlich nicht im Mindesten klar, was es bedeutet, einen Hund zu haben, ihn füttern zu müssen, mit ihm mehrmals am Tag Gassi zu gehen. Für mich schien dies alles nur das pure Vergnügen zu sein, eben ein unvergleichliches Abenteuer. Zu Anfang machte mir sogar das Gassigehen Spaß, jedoch nach ein paar Monaten überließ ich meiner Mutter stillschweigend diese lästige Pflicht.

Da es, glaube ich, Hundefutter in Dosen noch nicht gab oder es meiner Mutter auf die Dauer zu kostspielig war, bekam Blasius entweder das, was wir auch zu Mittag aßen oder Gehacktes. Als sein Appetit größer wurde, kaufte sie beim Fleischer Rinderpansen (Magen) und kochte diesen (ziemlich unangenehm riechend), um ihn Blasius kleingeschnitten zu servieren. Er war nicht nur ein krummbeiniges Dackelkleinkind, er benahm sich auch so. War stets zu allen Unduchten bereit. Nichts war wirklich vor ihm sicher, Stofffetzen, Hauspuschen, alles Mögliche, in das man beißen konnte und eben auch Gänseblümchen auf dem großen Rasen hinter dem Haus. Auf einem seiner Gassigänge sah er sie, rannte wie besessen darauf zu und biss sämtlichen Gänseblümchen die Köpfe ab.

Nach seinem Auftritt gab es keine einzige Blume auf dem Rasen mehr. Natürlich versuchte ich ihn von seinem Tun abzubringen, allerdings vergeblich, er ließ nicht locker bis auch die letzte Blume geschändet war. Diese Betätigung als Rasenmäher blieb seine einzige, danach interessierten ihn Blumen nicht mehr.

Blasius hatte bei aller Niedlichkeit eine außerordentlich störende Eigenart: er schlug beim kleinsten Geräusch an. Da sich unsere Wohnung in unmittelbarer Nähe des Aufzugs befand und zu gewissen Zeiten die Mitbewohner unseres Hauses notgedrungen entweder den Aufzug oder das Treppenhaus benutzten, war es nicht zu umgehen, dass unser Dackel die menschlichen Bewegungen zur Kenntnis nehmen musste. Er tat dies, indem er bellte. Dieses Anschlagen ist für einen Dackel in freier Natur, etwa während der Jagd, etwas ganz Natürliches und Wünschenswertes. In einer Wohnung ist dies völlig normale Verhalten eines Hundes, dessen Instinkt und Beruf Jagdhund ist, mehr als lästig. Wir versuchten ihn meist vergeblich daran zu hindern, denn es ist eine Sache, einen Hund in einer Etagenwohnung zu halten aber eine völlig andere, ruhestörenden Lärm zu riskieren. Ganz ruhig bekamen wir Blasius nie, das Mindeste was er ausstieß, war ein verschlucktes Bellen, das einem langgezogenen Gurgeln glich.

Unser Hund war zwar klein, aber todesmutig. Wenn er eines Pferdes angesichtig wurde, was seinerzeit auch mitten in der Stadt noch häufiger der Fall war, stürzte er sich wütend bellend auf dieses, um ihm den Garaus zu machen. Er registrierte nicht, dass er keinen Hund vor sich hatte und dass das Pferd nicht im geringsten Interesse zeigte, sich auf einen Kampf einzulassen.

EIN BISS IN DEN DAUMEN

Es amüsierte unseren Kater kein bischen, dass die homophilen Neigungen seines Verehreres soweit gingen, unsere Balkontüre stundenlang zu belagern. Der eine saß sozusagen auf der einen Seite der verglasten Tür, der andere zwar in Sicherheit auf der anderen, trotz allem bibberte Muzel vor Angst. Er stieß drohende Laute aus, um seinen vermeintlichen Widersacher zu verjagen, vergeblich, der Belagerer wollte nicht weichen. Er hatte es sich bequem gemacht, wollte augenscheinlich nicht so leicht aufgeben und unverrichteter Dinge abziehen. Unser Kater verstand die Liebesmühen des anderen völlig miss und glaubte dieser warte nur darauf mit ihm einen Revierkampf auszutragen. Dies zeigte schließlich ungeahnte Wirkung bei dem Belagerten. Wäre er ein Mensch gewesen, hätte man sagen können, er hatte sich vor lauter Angst vor dem steingrauen Kater auf der anderen Seite der Tür in die Hose geschissen. Da er allerdings (leider muß man sagen) keine Hosen trug, klatschten seine recht dünnen Stoffwechselprodukte direkt auf den zum Glück dunkelbraunen Teppichbodenvelours. Den bestialisch stinkenden Boden zu säubern war eine Sache, aber wie sollten wir unseren Kater säubern? Am besten er käme in die Badewanne. Gesagt, getan. Ich hielt das Objekt im Mamagriff, im Nacken gepackt, und lief mit ihm so schnell ich konnte ein Stockwerk tiefer ins Badezimmer. Mein Freund lief hinter mir her, denn er sollte, war unser Kater mit der Prozedur nicht einverstanden, denselben davon abhalten das Weite zu suchen. Ein frommer Wunsch, wie sich herausstellen sollte.

Unser Kater war selbstverständlich nicht mit dem einverstanden, was wir mit ihm vorhatten. Ich hatte noch nicht die Dusche aufgedreht, da begann er sich zu wehren. Als das warme Wasser über sein verdrecktes Hinterteil lief, jaulte er verzweifelt auf, begann sich zu drehen und zu wenden, als sei der Teufel hinter ihm her. Mein verzweifelter Zuruf, eher ein Schrei, der meinem Partner galt:

„Halt ihn doch fest." war umsonst, denn der sich wie ein Aal windende nasse Kater hatte sich bereits wie eine Schraube um sich selbst gedreht und Arno tief in den Daumenballen gebissen. Der wiederum schrie gepeinigt auf:

„Du verdammtes Biest", und warf das Tier mit schmerzverzerrtem Gesicht gegen die geschlossene Badezimmertür, das es nur so krachte.

Der nasse Kater stand einen Augenblick verdutzt vor derselben, schüttelte sich kurz, so dass alles um ihn herum nass war, nur er nicht mehr. Ich öffnete in Windeseile die klatschnasse Tür und darauf auch die

zum Hof. Es war mir erst einmal egal, wohin er verschwand, ich musste mich um meinen verletzten Helfer kümmern.

Der Biss in den Ballen war nicht wenig tief. Er blutete nicht so sehr, aber das Gewebe darum herum schwoll kräftig an und nahm eine rotblaue Farbe an. Es war wohl besser auf der Stelle zur Ambulanz ins Krankenhaus zu fahren. Dort wurde der Lädierte sofort zweimal geimpft, gegen Tetanus und zum anderen wegen Tollwut, danach sein Daumen dick verbunden.

Was nun? Wir beschlossen, erst einmal Pizza beim Italiener zu essen und uns von den Strapazen zu erholen. Während wir auf die bestellte Malzeit warteten, blickten die anderen Gäste um uns herum neugierig grinsend zu uns herüber. Warum? Des Rätsels Lösung war: Nicht nur Arno war lädiert, sondern auch ich. Was ich durch die nicht wenig dramatischen Ereignisse der vergangenen Stunden völlig vergessen hatte. Ich trug ziemlich dicke Mullverbände mit zwei Pflastern an beiden Ohrläppchen. Die Perforierung meiner Ohren für Ohrringe vor einigen Tagen war schief gelaufen. Die beiden geschossenen Löcher eiterten und mußten durchgespült werden. Ich möchte nicht wissen, was die unverholend Grinsenden dachten, wie wir beide wohl zu unseren Verletzungen gekommen waren. Wer den Schaden hat, spottet eben jeglicher Beschreibung.

„DER IST GUAT BEINANDER, GELL?"

…blubberte es in tiefstem Bayrisch aus dem Mund des Bauern, der mit etwas glasigen hervortretenden Augen stolz auf seinen Eber deutete. Das Tier, ein riesiges Exemplar, eher einem Rhinozeros ähnelnd als einem Hausschwein, wankte, sein eigenes Gewicht augenscheinlich nur schwer tragen könnend, über den Bauernhof. Das Bemerkenswerte an dem Tier, deshalb auch die stolze Bemerkung seines Besitzers,

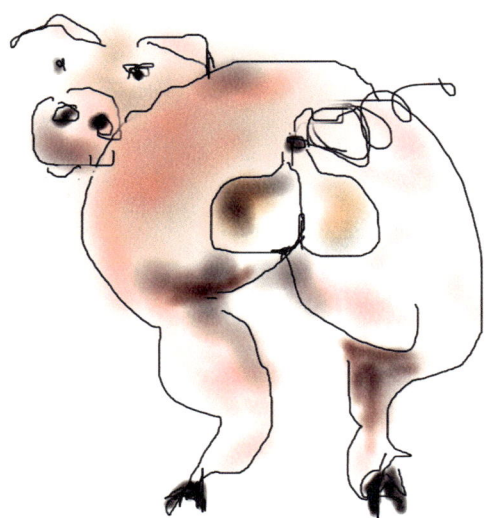

waren neben seiner imponierenden Größe, seine ebenso imponierenden Hoden. Die hingen, aufgeblasenen Luftballons gleich, an seinem Hinterteil und veranlassten das Tier augenscheinlich, sich schön langsam und ausgeglichen zu bewegen, so dass ihnen ja nichts passierte.

Als das Monster von einem Schwein sich auf seinem Rundgang umdrehte, präsentierte es uns zur Abwechslung sein Vorderteil, seine kleinen, nicht unbedingt freundlich blickenden blauen Augen und vor allen Dingen seinen riesigen Eberkiefer mit einem wirklich stattlichen Gebiss.

Laut unserer Wanderkarte führte der Weg, den wir benutzen wollten, just über diesen Hof. Nun standen wir hier perplex, nicht gewöhnt über fremde Bauernhöfe zu marschieren und schon gar nicht daran gewöhnt, dabei auf Eber solcher Ausmaße zu treffen und trauten uns nicht weiter. Auf unsere besorgte Frage, ob wir hier richtig seien und besagter Wanderweg tatsächlich über seinen Hof ginge, bekamen wir die oben aufgeführte Antwort. Der gute Bauer hatte uns Norddeutsche offensichtlich nicht verstanden und wohl gemeint, dass uns der Eber zu einem bewundernden Ausruf veranlaßt hätte. Zusätzlich zu dem bedrohlichen, imponierend großen Schwein, das da vor uns auf und ab wanderte, sprang nun auch plötzlich giftig knurrend, mit gefletschten Zähnen und gekräuselter Schnauze, ein schwarzer Höllenhund auf uns zu, bereit jeden Moment zuzuschnappen. Mein noch nicht Angetrauter und ich unterließen es tunlichst, unsere Frage nochmals zu stellen, sagten Tschüß und traten so schnell und so unauffällig wie möglich den Rückzug an.

EINE LANDSCHILDKRÖTE IN DER ETAGENWOHUNG

Eine ruhige friedliche Schildkröte mit einem festen bruchsicheren Panzer war da schon entschieden besser als ein Goldhamster. Die konnte wohl kaum in die Gefahr geraten, in einer Tür zu Tode gequetscht zu werden. Auch auf Schränke würde die wohl kaum krabbeln können und was das Sammeln von Nahrungsmitteln und Textilien wie Nylonstrümpfe und Stofffetzen anging, waren wir bei ihr auch auf der sicheren Seite. So ein ruhiges und verlässliches und langsames Panzertier war genau das Richtige für mich Zehnjährige, glaubte ich. Ich begann also meine Mutter von den positiven Eigenschaften dieses Reptils zu überzeugen. Lange brauchte ich erstaunlicherweise nicht dazu. Es war zwar kein Kuschel- aber ein Haustier allemal und so pflegeleicht!!! Also kauften meine Mutter und ich eine kleine Landschildkröte und setzten sie zu Hause angekommen in die Hälfte eines Kartons.

Ich betrachtete sie lange und ausgiebig, was sollte ich auch sonst mit ihr tun? Es war ein hübsches kleines

Tier mit einem attraktiv gemusterten Panzer. Ich gab ihr Salatblätter oder kleine Obststückchen zu fressen. Sah ihr zu, wie sich unendlich langsam in Gang setzte und sich anschickte, einen Marsch durch die Wohnung anzutreten. Selbstverständlich sprach ich mit ihr, streichelte sie und hoffte, sie würde mich als Individuum wahrnehmen, so wie ich sie. Zwecklos, ich merkte sehr bald, dass unser beider Beziehung mehr als einseitig war und ich zum bloßen Fütterer eines seine Umgebung völlig ignorierenden Wesens geworden war.

Entweder fraß sie oder sie zog sich in ihren Panzer zurück und tat gar nichts. Meist tat sie nach Schildkrötenart allerdings eben gar nichts. Mitunter machte sie ihre Wanderungen in einem Tempo, das, wenn ich sie dabei beobachtete, mich dazu reizte, einzuschlafen. Ich hatte sie schon gern, doch begann mich ihr geruhsames Temperament tödlich zu langweilen. Da war ja selbst meine fast neunzigjährige Großmutter interessanter und hatte mehr Schwung, obwohl sich beide in ihrem Wesen seltsamerweise schon ähnelten. Wie konnte es anders sein, aus der Langeweile erwuchs Vernachlässigung. Ich fütterte sie immer seltener, überließ dies meist meiner Mutter.

Es wurde Winter und, aus welchen Gründen auch immer, steckte meine Schildkröte immer seltener ihren Kopf nach draußen. Ihr Kopf blieb hartnäckig drinnen. Sie fraß demzufolge auch nichts, was mir außerordentlich beunruhigend erschien. Ich klopfte auf ihrem Panzer herum, zwecklos, sie rührte sich nicht. Nichts rührte sich mehr. Da lag ein Panzer mit eingezogenem Kopf und eingezogenen Beinen in der Kartonhälfte herum, tagein tagaus. Was nun? Wir

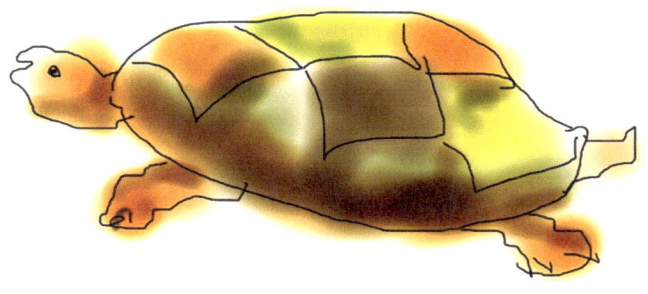

nahmen das Panzertier und trugen es ins Tiergeschäft um zu erfragen, was mit ihm los sein könne. Man sagte meiner Mutter und mir das Tier hätte vermutlich das Zeitliche gesegnet und sei schon längst im Schildkrötenparadies. Was nun tun mit einer toten Schildkröte? Wir schlugen sie in Papier ein und beerdigten sie, wie auch schon die beiden Hamster mit Hilfe des Müllschluckers. Auf die Idee, dass sie einen Winterschlaf halten könnte, kam niemand in unserer Familie, denn mit dem Verhalten von Reptilien war keiner von uns wirklich vertraut.

DIE FLUCHT VOR
DER KASTRATION

So leid es uns tat, bevor Muzel V. die Freuden der Katzenmädchen entdecken konnte, mussten wir zur Tat schreiten, um zu verhindern, dass noch mehr Katzenkinder der Liebe unsere Erde bevölkern.

Der Termin zur Kastration stand und am bewussten Tag machten wir uns, mit Muzel sicher im Katzentransportkorb verstaut, auf zum schweren Gang. Leicht fiel es uns gewiss nicht, unserem Kater die Katzenweiblichkeit auf Dauer zu versauen.

Beim Tierdoktor angekommen, suchten wir uns eilig einen Parkplatz für unseren Golf, schnappten uns den Korb mit Kater und wollten gerade die Strasse zum Doktor überqueren, als wir zu spät bemerkten, Muzel hatte sich den Weg aus dem nicht wirklich fest verschlossenen Korb nach draußen erkämpft und war mit einem Satz in die Freiheit, dass heißt in die nächstbesten Büsche gesprungen. Irgendetwas musste der Schlemil geahnt haben!

Jetzt saß er irgendwo in einem fremden Vorgarten und muckste sich nicht. Was sollten wir tun? In

fremden Vorgärten von Einfamilienhäusern herum-
zustapfen, um nach unserem entwichenen Graugetigerten zu suchen? Wie peinlich! Jedoch bei diesem einen Vorgarten blieb es nicht. Unser Kater hatte gar
nicht die Absicht sich fangen zu lassen und jagte uns
durch diverse Vorgärten. Immer wenn er mal wieder das Grundstück gewechselt hatte, erwarteten wir
von den plötzlich hinter uns auftauchenden Besit-
zern den empörten und durchaus berechtigten Satz
zu hören: „*Was tun Sie hier auf meinem Grundstück?*"
Zum Glück passierte dies nie. Kein Hausbesitzer be-
gegnete uns auf unserer Jagd nach dem Entflohenen.
Dafür ließ sich unser Kater auch mit noch so sanfter
und schmeichelnder Stimme nicht anlo-
cken. Unsere Verfolgungsjagd schien
kein Ende nehmen zu wollen, ja
sie artete langsam in
eine Odyssee aus.
Doch plötzlich
ließ, warum

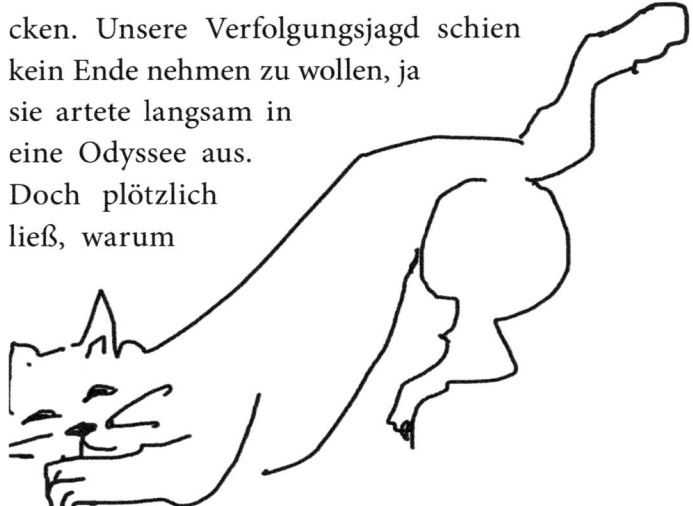

auch immer, die Aufmerksamkeit unseres Graugetigerten nach und mein damals Nochfreund und späterer Angetrauter entdeckte ihn, der sich allzu sicher hinter einem Pampasgras versteckt glaubte, schnappte den sich heftig Wehrenden und setze ihn zurück in den Katzenkorb. Wir, die schon nicht mehr geglaubt hatten den Termin beim Tierarzt einhalten zu können, konnten endlich inzwischen völlig verschwitzt und abgekämpft unseren Muzel bei der Sprechstundenhilfe abgeben.

EIN AFFE IN DER BIRKE

Eines Sonntags waren wir, mein Angetrauter und ich per Rad unterwegs und stoppten vor einer Frau, die auf dem Fahrradweg unter einer großen Birke stand und hilflos nach oben ins Geäst starrte. Wir fragten sie interessiert, ob dort oben ihr Wellensittich säße. Ja, dort oben säße ein Tier, jedoch sei es kein Vogel, sondern ihr Affe.

Ein leibhaftiger Affe, hier an einem Sonntagmorgen in Grolland, einem Gebiet mit Einfamilienhäusern auf einem Baum, konnte das wahr sein? Wir stellten uns völlig perplex neben die Frau und suchten vergeblich zwischen den Blättern den Affen. Es sei ein Kapuzineräffchen und als sie mit ihm spazieren gegangen sei, wie üblich, sei es ihr in die Birke entwischt. Jetzt käme es, was sie auch täte, nicht mehr zu ihr hinunter. Inzwischen hatten wir das kleine Tierchen tatsächlich entdeckt, es turnte munter, die neue Freiheit auskostend, in den Zweigen umher und setzte an, auf einen benachbarten Ahorn über zu wechseln. Von dort sprang es nach kurzer Zeit auf den nächsten Baum, eine Kastanie. Seine Freiheit schien ihm augenscheinlich nicht wenig zu gefallen. Das Äffchen turnte dort oben und unten standen wir drei wie die Blöden und versuchten vergeblich, den Ausreißer nach unten zu locken. Es schien ihm Spaß zu machen, seine Besitzerin und uns an der Nase herum zu führen. Diese informierte uns unterdessen, dass Steffi, ihr kleiner Liebling, dies nicht zum ersten Mal getan hatte, nein, Steffi sei eine üble Wiederholungstäterin. Aha, und wie bekäme sie Steffi in einem solchen Falle wieder von da oben herunter? Manchmal mit Erdnüssen oder einer Banane, aber meist käme sie erst dann, wenn es ihr dort oben zu langweilig geworden sei. Na, das konnte ja dauern! Inzwischen war das kleine Tier ein paar Geschosse nach unten gekommen, beinahe zum Greifen nahe und schaute uns mit listigen Äuglein neugierig ins Gesicht, als wolle es sich über uns lustig machen.

Seine Besitzerin hatte unterdessen einen Entschluss gefasst und die Taktik geändert. Sie machte sich auf, ohne ihren Liebling nach Hause zu gehen. Laut vor sich hinredend, informierte sie Steffi darüber, was sie im Begriff war zu tun. Steffi stutzte und hielt mit ihrer Turnerei inne. Man konnte ihr ansehen, wie es in ihr arbeitete, sie überlegte, was jetzt am Besten zu tun sei. Zunächst nahm sie noch nicht ganz ernst, was da unten vor sich ging, dann aber kapierte sie und eilte

47

ihrer Menschenmama zunächst von einem Baum zum anderen springend hinterher. Diese machte doch tatsächlich ernst und haute ohne ihre Steffi ab. Das ging doch nicht! Plötzlich machte Steffi einen Riesensatz und saß sicher auf der Schulter ihrer Besitzerin. Ente (Affe) gut alles gut!

Die zerbrochene Reissschiene

Mein Vater konstruierte und zeichnete gelegentlich zu Hause Baupläne. Er hatte sein Reißbrett im Wohnzimmer in Ermangelung eines eigenen Arbeitsraumes aufgebaut. Er legte trotz allem großen Wert auf ungestörtes Arbeiten. Niemand durfte seinen Bauplänen zu nahe kommen und jeder in der Familie hielt sich daran, schon aus eigenem Interesse, denn er konnte ziemlich ausrasten, wenn es doch jemand versuchte.

Nur mein kleiner Muzel wußte nicht, was ihm blühen konnte, er schlug unbekümmert seine Kapriolen, turnte und sprang auf alles, was erhöht war und von dem aus er nach Katzenart einen guten Überblick hatte. Dabei landete er plötzlich auch auf den Bauplänen meines Vaters. Die Pfoten meines Katers, nie ganz sauber, hatten häßliche Abdrücke auf dem weißen Bogen hinterlassen.

Mein Vater schäumte vor Wut. Er nahm seine Reißschiene, ein langes T-förmiges Lineal und drosch auf den Kater ein. Er versuchte es zumindest, aber es mißlang. Inzwischen hatte der sich schon in blinder Panik aus dem Staub gemacht und den Raum verlassen. Muzel hatte nichts abbekommen, wohl aber die Reißschiene. Die war bei der Aktion zu Bruch gegangen. Die Abdrücke der Katzenpfoten ließen sich auch durch intensives Bemühen nicht wegradieren, mein Vater mußte den gesamten Plan noch einmal neu zeichnen.

Von dem Tag an blieb der Raum verschlossen, wenn mein Vater arbeitete.

DIE ZWILLINGSHAMSTER

Mein in der Eifel zurück gelassener Tigerkater Muzel fehlte mir sehr, so sehr, daß meine Mutter sich entschloß ein Haustier für mich anzuschaffen. Eine Katze konnte es nicht sein, so sehr ich mir auch einen anderen Muzel gewünscht hätte, denn für meine Eltern war es Tierquälerei, einer Katze nur eine relativ kleine Wohnung als Lebensumfeld zu gönnen.

Ich hatte zwar auch in unserer ostberliner Wohnung eine Katze gehabt, jedoch merkte ich schon seinerzeit, daß mein Kater nicht ausschließlich mit unserer Wohnung als Umfeld zufrieden war. Diese Einsicht fiel mir nicht leicht, jedoch tröstete mich die Aussicht auf ein anderes Haustier.

Wenn ich meine Mutter auf ihren täglichen Einkäufen begleitete, drückte ich meine kleine Nase am Schaufenster einer Tierhandlung platt. Ich konnte bunte Wellensittiche in Käfigen sehen und auch eher langweilige Fische in Aquarien. Direkt hinter dem Schaufenster sah ich die Vierfüßler, wie Schildkröten, weiße Mäuse und Goldhamster — Hamster, diese kleinen, knopfäugigen, wuseligen, niedlichen Pelztierchen, die wollte ich haben. Ich entschied mich ziemlich schell.

Es dauerte noch einige Zeit, bis wir tatsächlich den Laden betraten, eine Zeit in der ich meine Mutter weich kneten mußte, sie überzeugen, daß Hamster auch die einzig richtigen Tiere für mich, für uns seien, was nicht so ganz einfach war.

Meine bisherigen Tiere waren selbstständige, sich frei bewegende und überwiegend für sich selbst sorgende Katzen gewesen. Dies war schon ein gewaltiger Unterschied zu Hamstern, die intensiv versorgt und gefüttert werden mußten, was mir natürlich überhaupt nicht bewußt war. Ich war nur von dem einen Gedanken beseelt, diese niedlichen Viecher zu bekommen, alles andere war mir relativ wurscht. Meine Mutter hingegen verlangte ein Minimum an Mithilfe bei der Versorgung der neuen Hausgenossen, die ich ihr ohne viel nachzudenken zusicherte, allerdings unter den skeptischen Blicken meiner Mutter. Ich fegte alle Bedenken hinweg.

Schließlich hatte ich meine Mutter so weit, wir betraten die Tierhandlung. Es roch merkwürdig scharf nach allem möglichem Getier und ihren Rückständen, was mich überhaupt nicht abschreckte, ich ignorierte alles, was mich hätte von meinem Vorhaben abbringen können. Da meine Mutter nicht davon überzeugt war, daß ein Hamster allein glücklich wäre, kaufte sie

zwei und ich konnte glücklich einen kleinen Karton mit zwei kleinen kratzenden Wesen nach Hause tragen.

Da meinen Eltern ein Hamsterkäfig aus der Tierhandlung zu teuer war, hatte mein Vater eine flache Obstkiste mit Hühnerdraht bespannt und ein Türchen ebenfalls aus Draht installiert. In diesen selbstgebauten Käfig setzte ich die beiden kleinen Tierchen. Überglücklich sah ich ihnen zu, wie sie hin und herwuselten, alles, was sich im Käfig befand in Augenschein nahmen, sich ins Heu wühlten und an den Schälchen mit Sonnenblumenkernen und Trinkwasser schnupperten.

Bedingung dafür, daß ich die kleinen Viecher jetzt überhaupt zu Hause haben durfte, war, sie nicht und wenn, dann nur unter strenger Kontrolle frei laufen zu lassen. Dies war ein schöner Vorsatz und ein Versprechen, das ich hätte nicht geben dürfen, denn es ließ sich nicht einhalten. Meine beiden Goldhamsterchen entwischten mir bei der ersten besten Gelegenheit und da es zwei waren, und jeder in eine andere Richtung rannte, konnte ich nur einen daran hindern auszubüxen. Von diesem Tag an war die Bahn frei und sie durften weitestgehend unkontrolliert die Wohnung erobern, was sie auch taten. Nichts war vor ihnen sicher. Sie bauten sich im Wandschrank am Ende des Flurs ihre Nester genauso wie hinter dem Sofa im Wohnzimmer.

Eines Tages sahen mich zwei schwarze Äuglein sogar ganz oben vom Küchenschrank an. Einer der Hamster hatte sich, mit dem Rücken an der Wand abstützend, mit den Füßen an der rückwärtigen Schrankwand bis zur oberen Plattform hinaufgerobbt. In die Nester, die sie in der ganzen Wohnung verstreut anlegten, schleppten sie alles, dessen sie habhaft werden konnten: Brotstücke, Obst, Sonnenblumenkerne und sogar die Perlonstrümpfe meiner Mutter. Einmal sahen wir einen der beiden Strolche, wie er mit einer überdimensional dicken Backe, etwas langes Seltsames hinter sich herschleifend, worüber er ständig stolperte, hinter dem Küchenschrank verschwinden wollte. Meine Mutter griff ihn und zog ihm einen ihrer Perlonstrümpfe aus der Hamsterbacke. Sie rückte darauf den Küchenschrank ein wenig von der Wand, wo sie im Hamsternest hinter dem Schrank den zweiten, schon länger vermissten, Strumpf entdeckte.

Auch den Draht ihres Käfigs hatten sie längst durchgenagt und sich von ihm befreit. Sie gingen ein und aus, wie es ihnen passte, auch als mein Vater den Draht repariert hatte.

Diese Freiheit hatte für meine Hamster einen entscheidenden Nachteil, sie schwebten in ständiger Gefahr zu Tode getreten oder in Türen zerquetscht zu werden. Bevor Türen geschlossen werden konnten, mußte geprüft werden, ob sich auch kein Hamster zwischen Tür und Angel befand. Gelegentlich waren beide Hamster mehrere Tage wie vom Erdboden verschwunden, so daß wir vermuteten sie seien durch unsere Unachtsamkeit aus der Wohnungstür entwischt oder unbemerkt zerquetscht worden. Irgendwann tauchten sie dann wieder aus einem ihrer Nester in oder hinter Schränken auf, so als sei nichts geschehen.

Trotz aller Achtsamkeit passierte es irgendwann doch: Einer der Hamster saß im toten Winkel der Küchentür, als meine Großmutter sie schließen wollte. Das, was wir immer befürchtet hatten, war passiert, es hatte ihn erwischt, er war tot. Wenigstens hatte er nicht lange leiden müssen, die Türe hatte ihn schnell getötet. Ich hätte meinen kleinen Freund gern irgendwo richtig begraben, was in der Großstadt nicht gut möglich war. Also wurde er schön in Papier eingewickelt und unprätentiös durch den Müllschlucker entsorgt.

Ich war untröstlich, aber mir blieb ja noch der andere Hamster. Jedoch nicht für lange, denn kurz nach dem tragischen Unfall des einen Hamsters, ereilte den anderen das gleiche Schicksal. Dies war der Preis für ihre grenzenlose Freiheit, die sie in unserer Familie genossen hatten.

Nach dieser nicht unbedingt positiven Erfahrung mit Nagern, ließ sich meine Mutter nicht mehr überreden, einen zweiten Versuch mit Hamstern zu starten.

VERWANDLUNG

Vor meinen beiden Zwillingshamstern war nichts, aber auch gar nichts sicher, auch Schokolade nicht. Normalerweise pflegte ich seinerzeit als Kind eine ganze Tafel meiner heißgeliebten Vollmilchnußschokolade mit absolutem Heißhunger auf einen Sitz zu vertilgen und auch nicht ein Krümelchen zurückzulassen. Andere Menschen aßen Wurst oder Käsebrote, ich über weite Strecken fast ausschließlich Schokolade, um mich, die sowohl Wurst als auch Käse zutiefst verabscheute, auf diese ungewöhnliche Weise am Leben zu erhalten.

Eines Tages hatte ich nun wohl doch nicht eine ganze Tafel sofort verschlungen, sondern ein paar Stücke übrig gelassen. Diese paar Stücken waren wenige Minuten später aus unerfindlichen Gründen verschwunden, wie vom Erdboden verschluckt. Ich sah sie nicht wieder, jedenfalls nicht im Urzustand, stattdessen taumelten mir einige Zeit später zwei kleine seltsam veränderte Wesen entgegen, die mit Hamstern nicht mehr viel Ähnlichkeit hatten. Meine beiden Nager waren von Kopf bis zum Schwanz bis zur Unkenntlichkeit mit einer braunen Masse verklebte Bündel, die große Probleme hatten, sich auf ihren Beinchen zu halten. Nach Hamsterart hatten sie vermutlich die Schokolade zum Glück nicht gefressen, sondern in ihren Hamsterbackentaschen verstaut. Diese war dort in der körperwarmen Umgebung geschmolzen und meine beiden Kameraden hatten sich putzend die Schokosuppe auf ihrem gesamten Fell verteilt und waren so zu Schokoladenhamstern geworden. Die Rückverwandlung der beiden zu normalen Nagern, war das Komplizierteste, das sich denken lässt.

Ein fliegender Dackel

Um die Weihnachtszeit starteten meine Eltern mit mir zu einem Besuch nach West-Berlin. Des ja immer noch existierenden eisernen Vorhangs wegen, mit der gleichen umständlichen Prozedur wie zwei Jahre zuvor, Zugfahrt bis Hannover und von da mit dem Flugzeug nach Berlin Tempelhof. Im Verhältnis vom Westen zum Osten und umgekehrt hatte sich nicht viel geändert, es herrschte nach wie vor eiskalter Krieg.

Auf der jetzigen Reise allerdings war eben doch etwas ganz anders, wir reisten zu viert. Die Fahrt mit unserem neuen, wenn auch kleinen Familienmitglied gestaltete sich nicht ganz unproblematisch. Die Bahnfahrt bis Hannover war noch relativ unkompliziert, von einigen hektischen Bellattacken abgesehen, denn ein Dackel ist nicht gewillt Dinge einfach auf sich beruhen zu lassen. Der zweite Teil der Reise war schon schwieriger. Da die Maschine, mit der wir fliegen sollten, einen Gepäckraum mit Druckausgleich besaß, durften wir Blasius nicht bei uns im Passagierraum behalten. Er bekam einen Pappkarton in Form eines kleinen Häuschens mit aufgemalten, aber blinden Fenstern in dem er ganz allein zwischen Koffern und Reisetaschen den Flug überstehen musste. Ob das wohl gut ging? Mir schwante nichts Gutes. Wie sollten wir unseren Hund in diesen Karton bugsieren? Ich war überzeugt davon, dass er das Häuschen nicht im Mindesten so toll finden würde, wie die Passagiere um uns herum.

Außer uns schien niemand mit seinem Hund per Flugzeug zu reisen, denn wir wurden häufiger auf den niedlichen Karton und seine Funktion angesprochen. Unter den Neugierigen war auch ein sehr groß gewachsener sympathischer Herr, der mir gleich irgendwie bekannt vorkam. Es war der seinerzeit sehr bekannte und beliebte Film-Komponist und Dirigent Franz Grote. Man konnte ihn einmal pro Monat ein Orchester dirigierend, in der seinerzeit sehr beliebten Samstagsnachmittagssendung bewundern, in der Äppelwoi in Strömen floss. Dieser Franz Grothe hatte im Gegensatz zu anderen Neurgierigen den Mut meine Eltern anzusprechen und unterhielt sich nun längere Zeit mit meinen Eltern über, das seltsame Häuschen, das bald unser Dackelkind Blasius beherbergen sollte.

Mir tat unser Hund jetzt schon unglaublich leid, wenn ich daran dachte, er würde ganz mutterseelen allein in seiner Kiste hocken, niemanden sehen und hören, außer dem Gebrumm der vier Propeller. Mir wurde ganz übel, wenn ich mir vorstellte, wie verzweifelt er winseln würde, nach mir und nach uns, seiner Familie. Ich verabscheute die Tierquäler zutiefst, die meinem süßen Blasius dies antun wollten.

Es kam ganz anders. Unser Dackelkind ließ sich erstaunlich friedfertig in sein Häuschen verfrachten. Diese treulose Tomate nahm die Tortour einfach so hin. Ein bisschen mehr Theater hätte er schon machen können, fand ich.

In Berlin angekommen kam uns das Hundehäuschen mit unseren beiden Koffern wie ein drittes Gepäckstück entgegen. Im Karton war es wieder erstaunlich ruhig. Lebte der Inhalt des Papphäuschens überhaupt noch, denn drinnen war es so verdächtig still. Doch unser Dackelkind lebte noch und wie. Kaum seinem Gefängnis entronnen bellte er die nächstbesten vorübergehenden Beine an und versuchte erfolglos nach ihnen zu schnappen. Er war also noch ganz der Alte.

MUCKI

Eines Tages im Herbst saß sie miauend in unserem Garten. Sie war eine junge weiße Katze mit schwarzen Flecken und ganz offensichtlich etwas zu mickrig für ihr Alter geraten. Ich begriff zunächst nicht was sie wollte, doch ziemlich bald war klar, sie hatte Hunger und verlangte nach Fressen. Wir glaubten sie sei eine Katze aus der Nachbarschaft und hatte lediglich im Sinn, bei uns zusätzliche Nahrung abstauben. Ich gab der hartnäckig Miauenden das Gewünschte und bald schaute sie nicht nur täglich kurz bei uns herein, sondern blieb von Tag zu Tag länger. Schließlich saß sie fast den ganzen Tag über im Garten. Meist auf unserem Ahorn, um aus sicherer Höhe auf uns herunter zu blicken, denn mit unseren beiden Katzengeschwistern Stöpsel und Püppi verstand sie sich nicht besonders gut.

Ein lauer Oktober ging in einen nicht mehr so warmen Spätherbst und doch schon empfindlich kühlen November über. Unsere Besuchskatze blieb und ließ sich weiter von mir aufpäppeln. Inzwischen war klar, sie gehörte niemandem. Wir hatten sie schon längst auf den Namen Mucki getauft. Bisher war Mucki Tag und Nacht draußen geblieben, hatte zwar kurze Abstecher in unsere Küche gemacht um ihre Ration an aufgeschlagenen Eiern zu verputzen, war dann aber schnell wieder auf ihren sicheren Baum geklettert. Sie ließ sich zwar kurz streicheln, nicht aber auf den Arm nehmen. Was sollte mit Mucki im Winter geschehen, wenn es draußen richtig kalt wurde? Ich beschloss sie zu adoptieren und ans Haus zu gewöhnen. Ihre Aversion auf den Arm genommen zu werden, die mir schon ein paar kräftige Kratzer eingebracht hatte ignorierend, trug ich sie nach oben ins Wohnzimmer. Genau das hätte ich lieber nicht versuchen sollen. Gerade als ich das Wohnzimmer erreicht hatte, entwand sich Mucki meinem festen Griff mit schrillem Schrei und raste wie der Teufel durch den Raum aufs Fenster zu, krallte sich in den Fenstervorhängen fest und zog sich an ihnen nach oben. Sie schien blind vor Angst und in ungeheurer Panik zu sein. Warum? Ich begriff es nicht. Wie sollte ich die wild um sich blickende Mucki aus dem Vorhang bekommen, ohne dass irgendetwas zu Bruch ging oder sie mir den Vorhang oder gar mich zerfetzte? So etwas hatte ich noch nicht erlebt. Meine beiden Kinder die siebenjährige Maxi und der zweijährige Benny hielten sich entsetzt zurück, denn sie hatten gesehen, wie Mucki mich mit ihren scharfen Krallen bearbeitet hatte, als sie aus meinen Armen in Richtung Fenster gesprungen war.

Ich musste wohl oder übel die panische Mucki aus dem Vorhang pflücken, das blind um sich kratzende

und beißende Tier vor die Haustür zu schaffen. Dieser Sozialisierungsversuch war anscheinend fehlgeschlagen und wenn ich meine ramponierten Arme und Hände betrachtete, würde ich auch auf weitere auch tunlichst verzichten. Ich hatte zwar noch keine bisher kennen gelernt, aber Mucki schien zu den wilden Katzen zu gehören, die sich nicht wirklich an menschliche Nähe gewöhnten. Sie saß weiterhin tagsüber in unserem Ahorn und kam wenn sie Hunger hatte an die Küchentür um sich Fressen abzuholen.

Irgendetwas glaubte ich, müsse mit Mucki auf die Dauer geschehen. Wir hatten sie am Hals ohne die geringste Chance, sie jemals ans Haus zu gewöhnen. Was also tun? Wir beschlossen sie in unseren Katzentransportkorb zu locken und dann aufs Land zu einem uns gut bekannten Bauern zu fahren, um sie dort frei zu lassen. Wir glaubten, sie könne sich den anderen dort lebenden Katzen, wenn sie es wolle anschließen oder es auch bleiben lassen.

Gesagt, getan, es klappte, sie saß schließlich im Katzenkorb und wir gaben ihr in der Nähe des Bauerhofs die Freiheit. Irgendwie fanden wir, war sie hier draußen besser dran, als bei uns mitten in der Stadt. Trotz allem hatte ich große Gewissensbisse. Ich hatte Mucki abgeschoben.

DIE SCHLEIEREULE

Gelegentlich ließ sich meine Schwester durch hartnäckige Quengelei dazu bewegen, mit mir in den ostberliner Zoo zu gehen. Ich fand alle Tiere toll, betrachtete sie begeistert aber zurückhaltend. Jedoch bei einem Tier vergaß ich meine übliche Schüchternheit völlig und dies war die Schleiereule.

Es war ein ziemlich großes, weißes Exemplar. Ich stand vor der Voliere und fragte mich, warum dieser schöne Vogel, den ich sehr mochte, die Augen fest geschlossen hielt. Ich beobachtete das Tier ungeduldig, denn ich wollte seine Augen sehen - aber es tat sich nichts. Die Eule schien zu schlafen.

Meine Ungeduld wurde von Minute zu Minute größer. Meine Schwester wollte mich, weil sie nichts Interessantes an der Schleiereule entdecken konnte, dazu bewegen weiter zu gehen. Sie nahm meine Hand und zog mich weiter. Nichts da! Ich wollte warten, bis die Eule die Augen öffnete und sträubte mich mit aller Kraft weiter zu gehen.

Es wurde prekär, ich musste Dampf in die Sache bringen. Also rief ich zunächst leise und dann immer lauter: "Eule, mach bitte deine Augen auf! Bitte, bitte, mach sie doch endlich auf!"

Zum Schluss brüllte ich fast. Nichts passierte - die Eule schlief unbeeindruckt weiter. Meine Schwester packte mich peinlich berührt, fest an der Hand und zog mich mit Gewalt weiter.

MUZEL IV.

…war eine sogenannte Katzen-Waise und kam aus einem Tierheim. Seine Vorgänger waren ausschließlich graugetigerte Exemplare gewesen, er ein rabenschwarzes Tier mit einem winzigen weißen Fleck auf der Brust. Muzel IV. war die bisher sanfteste Katze, die ich besessen hatte und, wie sein Name verrät, meine vierte Katze. Er war kein Katzenbaby mehr, sondern schon eine ausgewachsenes Exemplar. Sein tatsächliches Alter ließ sich nicht ermitteln und ge-

nauso wenig etwas von seinem bisherigen Vorleben. Unser neues Familienmitglied hatte eine außerordentlich entzückende und dekorative Eigenart. Wenn er entspannt war, ließ er seine kleine rosa Zunge ein Stück weit aus seinem Maul ragen. Muzel, der Schwarze, war wie noch keine meiner Katzen zuvor ein Muster an Duldsamkeit und Sanftheit. Diese Eigenschaft stellte ich auf eine harte Probe, denn ich tat etwas mit ihm, was mit Katzen gemeinhin nicht getan wird, was sie normalerweise nicht ohne Kampf erlauben: ich badete ihn. Ich tat dies nicht aus purer Gemeinheit, es war meine Vorstellung ihn von Flöhen frei zu halten. Eine zwar sehr ungewöhnliche und auch keineswegs sehr nachhaltige Methode, jedoch glaubte ich auf diese Weise um Flohpuder und andere Flohbekämpfungsmittel herum zu kommen.

Ich badete den armen Kerl nicht eben selten, mindestens einmal die Woche war er dran. Er ließ sich die Prozedur klaglos gefallen, biss nicht, kratzte nicht und ließ auch das Trockenfönen hinterher klaglos über sich ergehen. Er war halt ein absolutes Phänomen.

Muzel IV. war kein Freigänger, was auch nicht funktioniert hätte, denn die Wohnung meiner Eltern befand sich in der zweiten Etage eines achtstöckigen Hochhauses in Essen, einer Stadt mitten im Ruhrgebiet. Jedoch hatte er zwei Balkone zu seiner Verfügung, von dessen Geländer aus er die fremde nicht ungefährliche Welt betrachten konnte. Ich, die ich in meiner Kindheit Katzen erlebt hatte, die auf dem Land an Freiheit gewöhnt waren und dies auch weidlich ausnutzten, hätte mir sagen müssen, dass er damit nicht auf die Dauer zufrieden sein würde, diese Außenwelt nur aus der Entfernung zu betrachten.

Eines Tages war mein Kater verschwunden, wie vom Erdboden verschluckt. Ich suchte ihn in jedem Winkel der Wohnung, vergeblich, er war weg. Ich war verzweifelt und konnte mir beim besten Willen nicht vorstellen, wie er es geschafft haben sollte, unbemerkt ins Freie zu gelangen. War er von uns unbemerkt durch die Wohnungstür entwischt und irrte jetzt verzeifelt durch acht Stockwerke? Die Vorstellung, dass er zwei Etagen vom Balkon nach unten gesprungen und möglicherweise nicht heil auf dem Boden angekommen war, war zu grausig. Schließlich lag ja keine vor Schmerzen jammernde Katze unter dem Balkon in den dort gepflanzten Sträuchern, auch keine Katzenleiche. Es war so, als hätte es ihn nie gegeben. Meine Mutter befragte alle möglichen Mitbewohner unseres Hauses nach dem Verschwundenen, vergeblich. Auch eine Vermistenanzeige am schwarzen Brett in Rabes Schreibwarengeschäft, der Nachrichtenzentrale der ganzen Gegend, brachte keinen weiteren Hinweis.

Drei Wochen später, ich glaubte schon nicht mehr daran, meinen Kater jemals lebend wieder zu sehen, hörte meine Mutter auf ihrem Weg zum Einkauf, hinter einem niedrigen Strauch einer Grünanlage ein jämmerliches Gemaunze. Sie schaute verblüfft nach und wer saß dort kleinlaut und erbärmlich miauend? Der verloren Geglaubte.

Nicht nur ich war froh ihn wieder zu haben, nein, auch Muzel IV. hatte wohl augenscheinlich fürs erste genug von seinem riskanten Abenteuer. Mein süßer bezaubernder Kater sah ziemlich ramponiert, struppig und auch etwas abgemagert aus. Ich nahm ihn und badete ihn ausgiebig und er ließ es sich wie immer klaglos gefallen.

DER ABZESS

Mein schwarzer Wohnungskater hatte sich nach unserem Umzug sehr schnell an seine neuen Freiheiten gewöhnt. Er machte ausgedehnte nächtliche Touren durch die ostfriesische Pampa und kam erst am anderen Morgen miauend zu mir zurück. Mit seiner Sauberkeit war es auch nicht mehr weit her. Nach kurzer Zeit hatte ich es aufgegeben, ihn wie noch ein paar Monate zuvor, wöchentlich zu baden und zu fönen, denn bei seinen Wanderungen holte er sich ständig Legionen neuer Flöhe. Mein Muzel war ein ganz gewöhnlicher, streunender Wald- und Wiesenkater geworden. Er lernte außerordentlich schnell und schleppte uns stolz, nicht nur von ihm erlegte Ratten und Mäuse an, nein, auch Kaninchenkeulen.

Eines Nachts jedoch hatte er von einer seiner seiner ausgedehnten Sreifzüge eine Wunde mitgebracht. Ich entdeckte sie beim Streicheln unter seinem rechten Bein. Vielleicht hatte er einen Kampf mit einem Rivalen ausgetragen, wahrscheinlich jedoch hatte sich eine Ratte doch nicht so ganz kampflos fangen und töten lassen. Er war wohl doch nicht ganz so clever, der kleine schwarze Bursche. Zunächst war diese Wunde nur eine kleine harmlose unscheinbare, schorfbedeckte Stelle, die ihm jedoch bald beim Laufen Schmerzen zu bereiten schien. Jedoch wurde sehr bald daraus eine Schwellung, die täglich dicker zu werden schien. Was sollte ich tun? Ich wusste es nicht, hatte nicht die geringste Ahnung von infizierten Wunden und versuchte sie laienhaft zu versorgen. Bei einem Kater, der nicht daran gewöhnt still zu halten , nicht so ganz einfach. Ich wusch die Stelle mit verdünnter Sarkotanlösung. Es schien nichts zu nützen, die Schwellung wurde noch größer und brach einige Tage später auf. Erstaunlich viel Eiter floss aus der nun offenen Wunde. Ich glaubte, dies sei ein gutes Zeichen, glaubte dass nun alles in Ordnung sei. Da hatte ich mich gründlich geirrt. Erneuter Eiter bildete sich und floss ab.

Eigentlich hätte mein Kater längst in die Hände eines fähigen Tierarztes gehört, jedoch war gerade dies in einem Zehntausendseelenort wie Barßel nicht so einfach. Es gab hier wohl einen Tierarzt, der gleichzeitig Bürgermeister des Ortes war. Er war allerdings ausschließlich für Großtiere, wie Rinder, Schweine und Pferde zuständig. Mit Kleinvieh, wie Katzen, Hunden oder noch kleineres Getier gab er sich nicht ab. Den nächsten Kleintierdoktor vermutete ich nicht zu unrecht in Oldenburg oder Leer und das war zu weit entfernt, wenn man kein Auto sein Eigen nannte. Also musste ich irgendwie selbst, mehr schlecht als recht, mit dem Problem klar- und den Abzeß in den Griff bekommen.

Meinem hübschen schwarzen Kater ging es derweil insgesamt nicht mehr gut. Der kleine Körper wehrte sich mit aller Macht gegen die Eindringlinge. Er bewegte sich nicht mehr viel, seine kleine schwarze Nase war trocken und warm, er schien Fieber bekommen zu haben. Ich war mehr als verzweifelt. Ich riss einen alten Bettbezug in Streifen, tauchte sie in Desinfektionslösung und machte meinem Muzel einen Verband damit, wickelte es fest um die inzwischen groß klaffende Wunde unter seinem rechten Bein. Der ließ sich inzwischen alles gefallen und lag schon ziemlich apathisch auf einer Decke in meinem Zimmer.

Am nächsten Morgen wechselte ich den Verband. Ich nahm die Streifen ab, die voller Eiter waren. Nicht nur das, zitternd stand der kleine Kerl vor mir, als zu allem Überfluss eine Menge Eiter auf die Kacheln der Waschküche klatschte. Er stand in einem richtigen Eitersee. Die Tränen schossen mir aus den Augen vor Entsetzen, ich wusste nicht mehr weiter.

Ich desinfizierte trotz allem wieder die Wunde und wollte sie verbinden, als mein Muzel sich mit letzter Kraft aufraffte und in einem ganz kurzen, unachtsamen Moment durch einen offenen Spalt in der Tür nach draußen entwischte. Sofort riss ich die Tür auf wollte ihm nach, ihn einfangen, aber er war weg. Er blieb es auch nach tagelangem Suchen. Er hatte sich in wahrsten Sinn des Wortes in Luft aufgelöst.

BÜRSTEN…

…nannte ich zwei weibliche Babykatzen, Katzen-Schwestern, die meine Mutter irgendwo im Ort organisiert hatte, nachdem unser schwarzer Muzel sich für immer dünne gemacht hatte. Ich taufte sie Bürsten, weil sie, klein und struppig, wie sie waren, kleinen Bürsten ähnelten. Eine der beiden war eine Vierfarbenkatze und die andere eine Graugetigerte.

Ich liebte die beiden Babys auf der Stelle und wurde ihre Ersatzmama. Es war entzückend zu beobachten, wie die beiden sich unser Haus eroberten. Sie waren wirklich noch ziemlich jung und dementsprechend klein. Sehr lange war es her, dass ich sehen konnte, wie kleine Katzen aufwuchsen, fast zwanzig Jahre. In der Eifel hatte ich seinerzeit zwei Jahre nach unserer Republikflucht meine kleine, sehr junge Katze bei den Eltern meiner Freundin Anita zurücklassen müssen. Meine Eltern glaubten, eine Katze, die an Freilauf gewöhnt war, nicht in eine Etagenwohnung, die im zweiten Stock eines Hochhauses liegt, einsperren zu können. Es war ein sehr schwerer Abschied für mich Achtjährige. Viel zu lange hatte ich auf Katzen

verzichten müssen. Jetzt hier in einem eigenen Haus mitten auf dem Land war es wieder möglich. Wenn ich hier irgendetwas positiv empfand, dann das und eigentlich nur das. Ich hatte etwas, das ich lieben konnte und ich tat es mit aller Kraft mitunter auch körperlich. Ich drückte sie vor lauter Liebe so stark an mich, dass sie ganz leise quietschten.

Aber auch meine beiden Bürsten gingen nicht immer sanft mit mir um. Viele, viele Kratzer musste ich beim Spiel mit ihnen einstecken. Die schmerzhaftesten und längsten hatte ich stets an den Waden, die diese als lebenden Kratzebaum benutzen. Einige Monate später, beide waren schon etwas größer, spielten schon im Garten auf dem neuen Rasen oder machten, obwohl ich dies nicht toll fand, längere Ausflüge außerhalb des Gartens. Ich konnte es nicht verhindern, obwohl ich es gerne getan hätte. An Freigang gewöhnte Katzen tun dies halt. Diese Katzentouren machten sie bald nicht nur gemeinsam, sondern auch allein für sich. Eines Morgens stand eine meiner beiden Bürsten, die Getigerte, jammernd und miauend vor dem Küchenfenster und verlangte, eingelassen zu werden. Sie war noch relativ klein und versuchte, durch den Spalt des gekippten Fensters ins Innere der Küche zu gelangen, sich hindurchzuquetschen. Um zu verhindern, dass sie sich dabei womöglich verletzte, wollte ich das Fenster schnell schließen und sie durch die sichere Gartentür herein lassen. Dabei hatte ich nicht mit den schnellen Bewegungen meiner kleinen Katze gerechnet. Ich konnte nicht so schnell das Kippfenster schließen, wie sie Ihre kleine Pfote wieder dazwischen hatte. Bei dem Versuch erneut das Fenster zu schließen, geriet ihre Pfote, obwohl ich es gerne verhindert hätte, zwischen Rahmen und Fenster. Ich hörte einen gellenden Schrei, es lief mir kalt den Rücken runter. Sofort wollte ich das Fenster öffnen und tat in der Schrecksekunde doch das genaue Gegenteil. Mir wurde übel vor lauter Angst, ich könnte ihr die kleine Pfote völlig zerquetscht haben. Ein Glück war das nicht der Fall, denn die Knochen meines kleinen Kätzchens waren noch sehr weich, es war ihr weiter nichts passiert.

Etwas später, es war schon Winter geworden, glaubte

ihre Katzenschwester, sie müsse sich auf eine der letzten drei verbliebenen Tannen in unserem Garten zu klettern. In der Abenddämmerung hörte ich sie durchdringend jammern. Schnell zog ich meine Stiefel an und ging raus in den Garten, um zu sehen, was wieder mal geschehen war. Da saß das Häufchen Unglück etwa drei Meter über dem Boden in einer Astgabel und miaute herzzerreißend. Was sollte ich tun? Wie sollte ich sie vom Baum herunter bekommen? Ich versuchte sie zunächst mit beruhigenden Worten herunter zu locken. Mit dem Kopf nach unten hängend, versuchte sie lautstark miauend den Baum abwärts zu kommen. Sie kam mir ein paar Zentimeter näher, um wieder zu ihrer Astgabel zurück zu kriechen. Die Sache kam irgendwie nicht voran. Also beschloss ich, sie zu beschleunigen und selbst in den Baum zu steigen. Ich versuchte, obwohl im Bäumebesteigen völlig ungeübt, auf den Baum zu kommen, indem ich mein rechtes Bein über die unterste Astgabel schwang. Dabei verhakte ich mich äußerst ungeschickt mit dem Absatz meiner schicken langen Stiefel in der Astgabel. Jetzt saß nicht nur meine Katze fest, sondern auch ich. Die jammernde Bürste über mir, versuchte ich halb im Baum hängend mein verhaktes Bein wieder loszubekommen. Ich zog und zerrte an meinem Bein, ohne Erfolg. Panik stieg in mir hoch. Ich vermutete,

nicht ganz zu unrecht den Rest meiner Tage im Baum verbringen zu müssen. Inzwischen war es stockdunkel geworden, Gott sei Dank. Jetzt konnte mich wenigstens niemand mehr in meinem lächerlichen Zustand sehen. Ich würde wahrscheinlich heute noch dort mit einem Bein auf dem Boden und mit dem anderen in der Tanne hängen, wenn ich nicht plötzlich auf die Idee gekommen wäre, den Reißverschluss an meinem rechten Stiefel zu öffnen und im hängenden Zustand aus meinem Schuh zu schlüpfen. Jetzt hing nur noch mein Stiefel im Baum und ich stand endlich mit beiden Beinen wieder sicher auf dem Boden. Als ich meinen rechten Stiefel wieder anzog, hatte auch meine Katze endlich den Mut gefunden, völlig allein, Stück für Stück, mit angstvoll verkrallten Pfoten und ohne meine höchst ungeschickte Hilfe zu Boden zu kommen. Das sollte mir eine Lehre sein. Nie wieder versuchte ich einer jammernden Katze von einem Baum oder etwas ähnlich Hohem herunter zu helfen. Kommt sie da oben aus eigener Kraft hinauf, so kommt sie selbstverständlich auch wieder hinunter.

Frösche im Wohnzimmer und eine Amsel im Bad

Eines Tages im Frühjahr saß eine junge, noch flugunfähige Amsel auf dem Rasen in unserem Garten. Es sah so aus, als wäre das Amselkind mutterlos. Meine Mutter erbarmte sich ihrer, nahm sie mit ins Haus und setzte sie auf den Handtuchhalter in unserem zweiten, nicht sehr oft benutzten Badezimmer. Was tun mit dem gefiederten kleinen Wesen? Es piepste anhaltend jämmerlich nach seiner Mutter und nach Nahrung, während es uns nach Amselart misstrauisch beäugte. Irgendetwas musste es zu Essen bekommen. Da wir nicht die geringste Lust hatten, den Boden im Garten nach Regenwürmern für unseren kleinen Gast zu durchsuchen und es auch nicht übers Herz brachten, ihn verhungern zu lassen, ging meine Mutter zum Metzger und kaufte Gehacktes. Dieses verfütterten wir nun dem kleinen Vogel in regelmäßigen Abständen mit Hilfe einer Pinzette. Wir hätten ihn dauernd füttern können, denn er hatte ständig Hunger. Er fraß unglaubliche Mengen Fleisch und sonderte auch genauso viel ab. Binnen Kurzem roch das Badezimmer

nicht mehr wie ein Badezimmer, sondern eher wie eine Galappagosinsel, nach Guano. Es stank grauslich. Meine Mutter und ich mussten nicht nur ständig füttern, nein, wir mussten auch ständig die Hinterlassenschaft des Vogels beseitigen, was sich auf die Dauer als ziemlich anstrengend herausstellte. Was tut man nicht alles für einen aus dem Nest gefallenes Vogelbaby?

Dieser Zustand dauerte mehrere Wochen. Der Vogel fraß, fraß und fraß, ohne sich merklich zu einem Vogelhalbstarken zu entwickeln und Anstalten zu machen seine schon gut entwickelten Flügel zu benutzen. Stattdessen begann er plötzlich zu mickern, ließ kränklich den Kopf hängen und kniff traurig seine Augen zu. Sein Appetit blieb ihm jedoch erhalten. Was tun? Nichts als weiterfüttern, denn es gab weit und breit keine Tierärzte, die sich für aus dem Nest gefallene Amseln interessierten.

Die Angelegenheit war zu einem nicht zu unterschätzendem Problem geworden, was sich allerdings eines Morgens von selbst gelöst hatte. Der Vogel war in der Nacht tot vom Handtuchhalter gefallen und wurde von meiner ziemlich unprätentiösen Mutter, die nicht lange fackelte, in die Abfalltonne entsorgt.

Im Sommer des gleichen Jahres beschäftigte mich ein anderes tierisches Phänomen auf ganz andere Weise. Die doppelflügelige Glastür vom Wohnzimmer zum

Garten war täglich den ganzen Sommer über geöffnet und wurde nur zur Nacht geschlossen, was gelegentlich auch zu meinen Aufgaben gehörte. Bevor ich also die beiden Türen schloss, fiel mein Blick auf die der Türen gegenüber liegenden Wand. Dort befand sich unterhalb der Tapetenleiste etwas Seltsames auf dem Teppich. Ich konnte es in der Dämmerung nicht genau erkennen, es schien jedoch lang und schmal zu sein. Als ich mich auf meine Knie begab und es neugierig betrachtete, sah ich, dass dieses lange, schattenähnliche Etwas aus lauter kleinen Einzelwesen bestand. Da saßen dicht an dicht nebeneinander winzige Babyfrösche, mit dem Kopf zur Wand.

Da ich sie dort schlecht sitzen lassen konnte, nahm ich sie einen nach dem anderen und trug sie zurück in den Garten. Am nächsten Tag jedoch saßen sie wieder an der gleichen Stelle. Zunächst kostete es mich einige Überwindung die Frösche in meine Hand zu nehmen, jedoch fühlten sie sich nicht wie vermutet kalt und eklig, sondern erstaunlich warm und trocken an.

Diese Prozedur wiederholte sich jetzt wochenlang jeden Abend, solange bis die Frösche es aufgaben unser Wohnzimmer als Zufluchtsort zu wählen.

Katzenhebamme

Von meinen beiden Bürsten blieb schließlich nur eine übrig, die mit dem Vierfarbenfell. Die andere, die Getigerte, meine Lieblingskatze, kam leider von einem ihrer nächtlichen Ausflüge nicht mehr zurück. Zunächst war ich untröstlich, aber was sollte es, lange zu trauern? Hier auf dem Land passierte dies sehr häufig, das sollte ich bald erfahren. Sie war mit dem verschwundenen schwarzen Muzel eine von vielen, die später von ihren nächtlichen Abenteuern nicht mehr zurückkehrten. Die übriggebliebene Bürste wurde, wie konnte es auch anders sein, nach Ablauf eines Jahres schwanger. Die Erste von vielen Schwangerschaften, die zweimal im Jahr im Frühjahr und im Herbst in schöner Regelmäßigkeit stattfanden. Eine Sterilisation unserer Katze kam nicht in Frage, da unser örtlicher Tierarzt Klinker ausschließlich auf Großtiere spezialisiert war und er mit den vergleichsweise winzigen Eierstöcken wohl nichts anfangen konnte. Er war augenscheinlich nur an die riesigen Organe von Kühen und Pferden und Schweinen gewöhnt. Also hatte unsere Bürste zwangsläufig viele

Nachkommen. Zunächst allerdings stand erst einmal die erste Geburt meiner übriggebliebenen Katze an und die war nicht nur für sie ein Abenteuer, sondern ganz besonders auch für mich. Ich wartete mit großer Spannung auf das Ende der Schwangerschaft und die kam irgendwann im Mai. Eines Abends wurde meine Hochschwangere sehr unruhig und gleichzeitig sehr anhänglich. Sie wollte unbedingt in meinem Zimmer übernachten, wollte nicht abends raus vor die Tür, wie gewöhnlich zu ihren nächtlichen Umtriebigkeiten.

Ich machte ihr deshalb ein kuscheliges Lager mit ein paar flauschigen Wolldecken. Irgendwie schwante mir schon etwas. Es hielt meine Katze nicht auf ihrem Lager. Unruhig wechselte sie ständig zwischen meinem und ihrem Bett hin und her. Irgendwann am späten Abend begannen bei ihr sichtbare Kontraktionen. Aufgeregt rannte ich zu meiner Mutter, um sie zu fragen, was ich tun müsste, um der Erstgebärenden zu helfen. „Nichts", war die äußerst knappe und trockene Antwort meiner pragmatischen Mutter, „das macht sie alles ganz allein. Geh einfach ins Bett und schlaf." Ich war indes viel zu aufgeregt, um zu schlafen. Kriegte eine Katze dies alles wirklich ganz alleine hin, die ganze Geburt? Ich bezweifelte das sehr. Ich beschloss sie zunächst durch streicheln zu beruhigen, sprach ihr Mut zu und glaubte fest, dass es Wirkung zeigte. Die Wehen wurden bald stärker. Presswehen setzten ein, von denen ich seinerzeit allerdings noch keine Ahnung hatte und am Hinterteil erschien schließlich eine Art Blase, eine Verdickung, die sich binnen Kurzem als erstes Katzenbaby herausstellte und in kurzer Folge erschienen vier andere winzige Kätzchen von der Größe einer Maus. Ich glaubte das wär's gewesen, doch meine Bürste hatte immer noch Wehen. Offenbar wollte noch ein fünftes Baby auf die Welt und tatsächlich, da wurde noch ein Kätzchen sichtbar, jedoch nicht ganz, nur das Schwänzchen. Die Geburt schien ins Stocken geraten zu sein. Es dauerte, dauerte und dauerte. Das Schwänzchen erschien und verschwand wieder nach jeder neuen Wehe. Irgendwann wurde es mir zu dumm. Ich packte das Schwänzchen und zog. Aber der Katzenkörper gab das kleine Wesen nicht frei. Ich zog weiter bei jeder Wehe und hatte plötzlich nur noch ein Stück des Schwanzes zwischen Daumen und Zeigefinger. Ich hatte dem Baby ein Stück abgerissen. Was nun? Ich nahm beherzt den Rest und zog erneut. Jetzt klappte es endlich und das winzige Wesen war endlich draußen. Zwar fehlte ihm ein Stück, aber immerhin war die Geburt nun beendet, beziehungsweise nachdem die Plazenta draußen war und meine Bürste sie aufgefressen hatte.

Kurz nach der Geburt ihres ersten Jungen hatte sie schon begonnen, es sauber zu lecken und nachdem das Fünfte geboren war und trocken geleckt, lagen alle sauber trocken und aufgereiht an den Zitzen ihrer Mutter und nuckelten zufrieden. Ich hatte mein Debüt als Hebamme hinter mir, fiel erschöpft ins Bett und schlief sofort ein.

DIE UNSICHTBARE KATZE

Während eines abendlichen Spaziergangs, mit meinem damaligen Nochfreund und heutigem Angetrauten in einer für die Nähe der Bremer Innenstadt erstaunlich dunklen Straße, hörten wir ein intensives Miauen. Ohne den Verursacher dieses Geräuschs zu sehen, gingen wir weiter. Das Miauen blieb, ja es wurde noch eindringlicher. Wo zum Teufel war die dazugehörende Katze? So sehr wir auch suchten, auf Erdhöhe, etwas höher oder war das Viech etwa auf einem Baum? Wir suchten vergeblich.

Ich wollte schon aufgeben zu suchen, da stieß mich mein Freund in die Seite: „Da ist sie!" „Wo? " fragte ich verblüfft. „Na, da genau vor Deiner Nase!" Und richtig, bei genauerem Hinsehen nahm ich sie endlich war. Sie, eine ziemlich dunkel gestromelte Katze saß auf einer Mauer genau in Höhe meines Gesichts. Unser beider Nasen berührten sich fast. Sie betrachtete mich neugierig und hatte mich zweifelsohne schon lange vor mir entdeckt. Diese Situation war so saukomisch, dass mich nicht mehr halten konnte vor lachen. Die Katze betrachtete mich erstaunt. Da ich sie auf keinen

Fall vertreiben wollte durch meine Heiterkeit, begann ich sie beruhigend zu streicheln.

FÜNF KLEINE ENTENKINDER…

…saßen eines Samstagmorgens im Juni verängstigt schnatternd im Garten unseres neu erworbenen Hauses. Sie hockten dicht an den Maschendrahtzaun unseres Nachbarn zur Linken gedrängt. Von der Entenmama weit und breit keine Spur. Wie hatten sie es überhaupt geschafft, die vielen Maschendrahtzäune, die unser Garten von den anderen Reihenhausgärten trennte, ohne fliegen zu können, zu überwinden? Es schien an ein Wunder zu grenzen. Also warten bis die Entenmutter auftaucht? Die jedoch tauchte auch nach längerem Warten nicht auf und blieb unauffindbar.
Ich holte mir schließlich meinen Einkaufskorb, polsterte ihn mit einem Geschirrtuch aus und setzte die fünf gelben, federleichten flaumigen Findelkinder nacheinander dort hinein. Danach beratschlagte ich mit meinem Angetrauten, was zu tun sei. Wir wussten es nicht. Wer bekommt schon öfter in seinem Leben fünf kleine Entenbabys und wird zu Enteneltern?
Stunde um Stunde verging und die treulose Tomate von Entenmama tauchte einfach nicht auf. Sie schien ihre Brut auf Nimmerwiedersehen verlassen zu ha-

ben. Was tun mit den Verlassenen, die langsam etwas zu Futtern brauchten? Aber was fraßen kleine Enten? Wir wussten es nicht, vermuteten aber, dass das, was sie zum Überleben benötigten, im Wasser zu finden war. Also irgendwo auf einem See oder Wasserlauf. Uns fiel im ersten Augenblick nur der Bürgerpark mit seinen umfangreichen zusammenhängenden Wasserläufen ein. Also setzten wir uns in unseren Golf und fuhren dorthin, parkten eilig und liefen mit unseren Kleinen in Richtung Emmasee, um nach anderen Entenmüttern Ausschau zu halten. Eine davon, so hofften wir, würde die fünf Alleingelassenen schon adoptieren und so setzten wir unsere gelben Findlinge zu Wasser. Wir blickten den kleinen gelben Bällchen mit gemischten Gefühlen hinterher, wie sie unschlüssig hin und her schwammen und versuchten sich mal der einen oder anderen Entenfamilie anzuschließen. Inzwischen fanden wir es gar keine gute Idee mehr die Kleinen hier ausgesetzt zu haben. Keine der Entenmütter schien daran interessiert zu sein, ihre Kinderschar zu vergrößern. Die Sache war jedoch nicht mehr rückgängig zu machen, denn die Federbällchen waren schon längst außer Reichweite. Unschlüssig standen wir am Ufer, ob wir wollten oder nicht, wir mussten sie sich selbst überlassen.

DIE KATZE IN DER ROTEN BAS-KENMÜTZE

Auch das faszinierenste Spiel hier in der für mich noch sehr fremden Eifel ließ mich niemals meinen geliebten Muzel vergessen, den ich vor der Flucht aus der DDR in Ost-Berlin hatte zurücklassen müssen.

Ich sehnte mich so sehr nach einer Katze, daß meine Mutter beschloß, mir eine andere zu besorgen und in der Organisation irgendwelcher Dinge ein Meister, hatte sie bald einen Wurf kleiner Kätzchen bei einem Bauern entdeckt.

Das Ganze hatte leider einen gewaltigen Haken, ich sollte allein dorthin gehen, ohne Mutti und mir ganz allein ein Kätzchen aussuchen. Dies mir, einem außerordentlich schüchternen und ängstlichen kleinen Mädchen, das sich am liebsten hinter seiner Mutter versteckte. Jedoch war es die Voraussetzung um an eine Katze zu kommen. Ich biß in den sauren Apfel und marschierte mit zitternden Beinen los, mir mein Kätzchen abzuholen. Schüchtern suchte ich mir aus dem Wurf von sechs grau Gestromelten meinen Muzel den Zweiten aus, einen hellgrau getigerten Kater und marschierte nach Hause, ihn sorgsam in meiner roten Baskenmütze transportierend. Stolz präsentierte ich ihn zu Hause meiner Mutter, hielt ihn ihr in meiner Mütze unter die Nase. Ich konnte mein Glück kaum fassen. Diese Unachtsamkeit benutzte er und sprang sofortmit einem Satz unter den Küchenschrank. Die folgenden Stunden verbrachte ich damit, meinen kleinen Kater unter dem Schrank hervorzulocken.

Als mein Katzenbaby sich aklimatisiert hatte, wurde er zum ziemlich frechen Katzenburschen. Lag ich morgens noch ein wenig länger im Bett, ließ meine Füße aus dem Bett gestreckt und bewegte meine Zehen spielerisch und ohne Absicht hin und her, duckte sich mein kleiner Muzel flach auf den Boden, trat mit seinen Hinterbeinen energisch den Boden und setzte zum Sprung auf meine Zehen an, die er vermutlich mit einer Maus verwechselte. Ich bekam einen gigantischen Schreck, als seinen kleinen Krallen meine Zehen erreichten. Von da an war es unser beider Spiel, Zehen bewegen und rechtzeitig unter die Bettdecke, bevor die Krallen mich erreichten. Mitunter war ich halt nicht schell genug, dann tat es richtig weh, denn er krallte nicht nur, er biß auch mehr oder weniger fest in seine Beute, meinen großen Zeh.

Mein Babykater betrachtete anscheinend nicht nur meine Zehen als Mäuse-Beute, sondern auch die Zehen der restlichen Familie. Am Sonntag Morgen hatte er nicht nur meine zehn Zehen zur Auswahl, sondern insgesamt vierzig, verteilt auf Vater, Mutter, Kind und Oma. Sonntags morgens hatte mein Katerchen auf jeden Fall genug zu tun.

Skovhused...

...war ein kleines uriges Ferienhaus, auf der dänischen Insel Mors. Es bestand vollkommen aus grauen unbehauenen Natursteinen, hatte ein grasbewachsenes Dach und stand ganz allein in der Kurve einer schmalen Landstraße, weit ab von jeglicher menschlicher Behausung. Anfangs fanden wir diesen Umstand noch Klasse, denn wir hatten nicht wirklich Bock auf touristisches Getümmel.

Der Besitzer, ein Mann mit Hintersinn, grinste geheimnissvoll sagte uns verschmitzt, der Name des Hauses sei Skovhused, was dies auch immer zu bedeuten hatte. Er zeigte uns alle Räume, es waren nicht viele, erklärte uns den Gebrauch der Propangasflaschen, die für Herd und Warmwasser zuständig waren und verschwand.

Kurz, hatte Naphtalie, so hieß unser Vermieter erwähnt, wir sollten uns mit der Dusche vorsehen und nicht erschrecken. Was es damit auf sich hatte, merkten wir am nächsten Morgen beim Duschen beziehungsweise kurz bevor das Wasser den Duschkopf verließ. Es knallte in dem langen schmalen Raum dermaßen mörderisch, wenn der Funke das Gas im der Therme entzündete, dass wir erwarteten, das Haus würde über uns zusammenstürzen. Ein Abenteuer für sich war auch, dass es in diesem Badezimmer keine abgetrennte Dusche gab und der Duschschlauch dicht neben dem Klo aus der Wand ragte. Nach dem Duschen stand deshalb das ganze Bad samt Klo unter Wasser. Bevor wir die Toilette benutzen konnten, mussten wir sie dies entweder mit Gummistiefeln bekleidet tun oder geraume Zeit warten, bis die Duschrückstände im Abfluss, eine kleine vergitterte Öffnung im Boden verschwunden waren.

Das wirkliche Abenteuer begann jedoch erst einige Tage später mitten in der Nacht. Wir hatten schon ein paar Stunden geschlafen, als wir durch ein merkwürdiges Geräusch geweckt wurden. Wir hörten ein heftiges Rascheln, Scharren und Kratzen hinter uns an der Außenwand. Wer oder was war das? Waren es am Ende Einbrecher? Wollten uns hier irgendwelche Spitzbuben ausrauben? Jetzt war die einsame Lage unseres Ferienhauses nicht mehr so toll. Wir saßen wie erstarrt auf unseren durchgelegenen Matratzen. Jetzt hätten wir einiges für Nachbarn ganz in unserer Nähe gegeben. Ganz dicht hätten sie uns auf der Pelle sitzen dürfen! Jedoch das einzige was sich in akzeptabler Nähe befand, war ein Teich mit friedlich allerdings sehr laut quakenden Fröschen. Nicht ein einziges blödes Auto fuhr vorbei. Es wäre in diesem Moment so tröstlich gewesen! Nein, stattdessen hörten wir nur dieses gemeine Scharren und Kratzen. Es verging wohl eine äußerst angstvolle Stunde, bis uns dämmerte, das konnten keine Menschen sein, die diese Geräusche erzeugten, denn sie wären wohl kaum so dämlich laut und zweitens müssten sie eigentlich schon längst im Haus drin sein. Nachdem wir uns ein Herz gefasst hatten, durchsuchten wir alles, was an Räumen zur Verfügung stand und fanden keinen Anhaltspunkt für einen Einbruch. Einige Nächte darauf begann es erneut an der Wand hinter uns oder vielleicht über uns zu kratzen. Es war nervig, aber es ängstigte uns nicht mehr so wie beim ersten Mal. Wir fragten uns nur, was oder wer glaubte mitten in der Nacht einen derartigen Lärm machen zu müssen. Das irgendein Tier, vermutlich ein Nager dahinter stecken mußte war uns klar.

In diesem Urlaub fanden wir nicht des Rätsels Lösung. Wohl aber sechzehn Jahre später. Wieder hatten wir ein Ferienhaus in Dänemark gemietet. Diesmal waren unsere inzwischen geborenden Kinder dabei. Mitten in der Nacht hörte ich über uns auf dem Dachboden ein Kratzen und Trappeln. Es artete zu einem ungeheuren Getobe aus. Der Spuk dauerte etwa eine halbe Stunde, dann war plötzlich Ruhe im Karton. Die Geräusche konnten beim besten Willen nicht von Menschen stammen, denn der Dachboden war nur etwa einen Meter hoch. Es konnten also nur Tiere sein. Welche Tiere außer Marder waren in der Lage solch einen Lärm zu erzeugen? Konnte es sein, dass es auch seinerzeit vor sechzehn Jahren im Skovhused Marder waren, die uns zu Tode erschreckt hatten?

DIE KAFFEEKANNENKATZE

Wir waren gerade eingezogen in unsere neue Wohnung und dabei die Wände zu streichen und zu tapezieren als plötzlich eine weiße Katze mit schwarzen Flecken mitten im Raum stand und gestreichelt werden wollte. Woher war sie gekommen, wem gehörte sie? Wir bekamen bald heraus, dass sie Jutta und Bernd gehörte, die im Nebenhaus wohnten. Jutta und Bernd die Katzenbesitzer, sie Kindergärtnerin, er Sozialarbeiter hatten ihre Katze Heini getauft. Heini war jedoch kein Kater, sondern eine Katze, was beide überhaupt nicht zu stören schien. Heini ähnelte stark einer Kaffeekanne in form einer Katze, die Arno und ich bei irgendeinem Trödler gesehen hatten und so nannten wir Heini bald die Kaffeekannenkatze. Heini besuchte uns öfter, denn ihre Besitzer waren des Öfteren nicht zu Hause. Dann sorgten wir für sie. Sie war selbstverständlich auch dabei, als wir unser Schlafzimmer im Souterrain tapezierten. Das schien für unsere Besuchskatze ein besonderes Fest zu sein, denn entweder thronte sie auf einem Stapel von Tapeten, oder sie kämpfte wild mit abgeschnittenen Tapetenstreifen. Auch herumliegendes Zeitungspapier oder irgendwelches Verpackungsmaterial animierte sie zu anhaltendem Getobe. Sie war allem Anschein nach ein wilder Feger.

Später, als wir unseren Muzel V. hatten, kämpfte sie mit ihm, so dass nur so die Fetzen flogen, sprich Fell. Bernd, ihr Katzenpapa glaubte steif und fest unser Kater sei der Angriffslustige und Übeltäter, er ließ sich nie vom Gegenteil überzeugen. Wenn sie sich nicht mit unserem Muzel in der Wolle hatte, probierte sie an mir Ihre Krallen aus. Ich hätte ihren Unwillen respektieren müssen, als ich versuchte sie auf den Arm zu nehmen, denn ehe ich die sich Windende loslassen konnte, hatte sie mich schon ins Gesicht ge-kratzt. Meine Oberlippe hatte es erwischt, ein ziemlich tiefer Kratzer, der sich binnen weniger Tage entzündete anschwoll und ärztlich behandelt werden musste. Von da an vermied ich es tunlichst Heini zu nahe zu kommen, geschweige denn auf den Arm zu nehmen. Heini hatte allerdings auch gute Eigenschaften. Eines Tages war unser Katzenkind Muzel verschwunden, wie vom Erdboden verschluckt. Auch nach längeren Suchaktionen blieb er unauffindbar… ja, bis Heini urplötzlich vor unserem Kleiderschrank miaute und seltsamerweise verlangte in ihn hineinzuwollen. Wir öffneten ihn für sie und wer spazierte heraus, unser vermisstes Katzenkind.

DAS ROTKEHLCHEN IM WOHN-ZIMMER

Eines Tages im Sommer, ich war gerade dabei Fenster zu putzen und hatte das Fenster unseres Wohnzimmers weit geöffnet, schoß plötzlich ein Vogel an mir vorbei in den Raum. Der Vogel schien ein Rotkehlchen zu sein schien. Ich setzte ich mich völlig perplex aufs Sofa und sah hilflos zu, wie es irritiert und angstvoll vor mir durch den Raum flatterte.

Obwohl das Fenster noch immer weit geöffnet war, fand der Vogel die Öffnung zur Freiheit nicht. Angstvoll zog er weiter seine Kreise und stieß gelegentlich an eine Wand oder die Bücherregale gegenüber dem Fenster. Hilflos herumsitzend, beobachtete ich den panisch Herumflatternden. Irgendetwas musste geschehen, wenn ich nicht wollte, dass das Rotkehlchen sich verletzte. Ich stand auf und versuchte vorsichtig, ihm den Weg zu weisen. Vergeblich! Der Vogel wurde zusehends aufgeregter. Auch ihn einzufangen gelang mir nicht, um so dem Dilemma ein Ende zu bereiten. Ohne sich irgendwo niederzusetzen flog und flog er… Plötzlich jedoch, besann er sich, es mochte ein

Luftzug gewesen sein. Er wendete sich endlich in Richtung offenem Fenster zu und flog davon.

Eine obdachlose Katze

Bei einem Spaziergang durch den Bürgerpark bogen wir rechts in Richtung Meierei ab, gingen am kleinen See entlang und setzten uns kurz auf eine Parkbank um zu rasten. Nicht weit von uns entfernt einige Bänke entfernt sah ich eine Katze auf einer zusammengelegten Decke ganz friedlich sitzen. Ich glaubte meinen Augen nicht zu trauen. Neben dem Tier, es war ganz nebenbei eine Schildpattkatze stand zwei einsame Plastiktüten.

Zu wem gehörte der schnurrende Kamerad der ganz brav dasaß und seine Augen geschlossen hielt. Verblüfft und fasziniert beobachtete ich das Tier. Es dauerte nur kurze Zeit, als sich der Parkbank ein älterer Mann näherte und vor der Bank stehen blieb, sich aber nicht setzte und schließlich vor der Bank und der Katze auf und ab ging. Es schien der Besitzer dieser Katze zu sein, denn das Tier blieb weiterhin ganz ruhig liegen.

Was ging hier vor? Wie konnte es sein, dass eine Schildpattkatze, die zu den sensibelsten besser zickigsten Katzenarten überhaupt gehört, so brav hier im Bürgerpark herumsaß? Ich vermutete gleich würde ihr Besitzer ihr eine Leine umlegen und mit ihr nach Hause gehen. Jedoch nichts dergleichen geschah. Der Mann setzte sich kurz um dann weiter vor der Parkbank auf und abzutigern.

Langsam dämmerte mir, dass diese Bank der Stützpunkt, besser das Zuhause des Mannes und auch seiner Katze war. Beide gehörten augenscheinlich zu den zahlreichen Obdachlosen unserer Stadt.

Vor einigen Wochen während einer Fahrradtour durch Bürgerpark sah ich die Beiden wieder, auf der gleichen Parkbank wie vor fast einem Jahr. Zwei Spaziergängerinnen unterhielten sich mit dem Mann und fragten ihn vermutlich dass, was ich seinerzeit

zu feige war zu fragen, wie es kam, dass eine Katze, die nicht wie ein Hund ausschließlich auf Menschen sondern zusätzlich auf ein Haus, auf eine Wohnung geprägt ist, eine Parkbank als ihr Zuhause ansah.

PISSKE

Wir hatten ihn unter der Obhut von Frau Geisendörfer, unserer Mitbewohnerin, zurückgelassen. Unseren zweiwöchigen Urlaub im Bayrischen Wald hatte uns unser Kater trotz liebevoller Versorgung allem Anschein nach nicht verziehen. Zweifelsohne glaubte er, von uns schnöde verlassen worden zu sein, denn nach unserer Rückkehr ging er mir wochenlang nicht von der Pelle. Hockte ich mich auf den Boden, um dort irgendetwas zu tun, sprang Muzel sofort auf meinen Rücken und richtete sich dort häuslich ein. Er belagerte mich regelrecht und zwang mich auf diese Weise zur Bewegungslosigkeit, zur Untätigkeit.

Dies brachte uns auf die Idee, ihm eine Katzengefährtin zu besorgen. Sollten wir in Zukunft noch einmal verreisen, was wahrscheinlich war, wären sie zu zweit zu Hause und würden uns nicht so stark vermissen.

Gesagt getan, im Herbst machten Arno und ich uns aufgrund einer Kleinanzeige auf den Weg nach Lilienthal, um uns dort ein kleines Katzenmädchen zu besorgen. Wir tauften sie sehr bald *Söffke*, denn sie trank nicht Milch in normalen Mengen, nein sie soff ganz unglaubliche Mengen davon in sich hinein. Söffke war fast völlig schwarz, mit nur einem winzigen weißen Fleck direkt über ihrem Mäulchen, der wie ein kleiner weißer Schnurrbart wirkte. Was Arno augenblicklich dazu veranlasste, ihr den Beinamen *Gröfaz* zu verpassen, *größter Führer aller Zeiten*. Sie ähnelte mit ihrem Fleck tatsächlich dem ehemaligen deutschen Diktator mit dem einfallslosen Künstlernamen.

Bis zu ihrer Sterilisation war Söffke ein niedliches verspieltes Kätzchen und völlig unproblematisch. Unsere Erstkatze Muzel allerdings war zwar offensichtlich ganz anderer Meinung. Seine mitunter ungeheuer gequälten Blicke, wenn Söffke ihm mal wieder in seinen Schlafkorb nachgekrochen war und sich dicht an ihn gekuschelt hatte, sprachen für sich. Diese große Nähe zu seiner Katzenschwester behagte ihm augenscheinlich überhaupt nicht. Trotzdem glaubte ich, dass er sie eines Tages schon akzeptieren würde.

Nachdem wir dem schwarzen Katzenmädchen versaut hatten, eine reichliche Nachkommenschaft zu haben, begann sie auch für uns Zweibeiner problematisch zu werden. Sie war zwar immer noch so verspielt und verschmust wie zuvor, doch kam es ab und zu vor, wenn ich am Nachmittag von der Arbeit nach Hause kam, dass ich entsetzt entdecken musste, dass sie die Katzentoilette ignoriert und statt dessen eins unserer beiden braunen Cordsofas beglückt hatte. Wären es nur die festen Stoffwechselrückstände gewesen, hätte ich sie beseitigen und vielleicht darüber hinweggehen können, jedoch die flüssige Variante wirkte sich von Tag zu Tag unangenehmer aus. Ich bekam sie nämlich nicht mehr aus den Polstern herausgewaschen und es begann von Tag zu Tag unangenehmer, strenger in unserem Wohnzimmer zu duften.

Söffke, wir hatten sie schon längst in *Pisske* umgetauft, hatte sich an ihr neues Katzenklo gewöhnt und mochte es nicht mehr missen. Sie benutzte es von nun an jeden Tag, ganz eisern. An Umgewöhnung war nicht mehr zu denken. Auch das Sofa mit Parfüm zu tränken nützte nichts, sie fand ihre Toilette auch so. Es stellte sich bald die Frage, was tun? Sollten wir künftig mit einem zum Katzenabort umfunktionierten Wohnzimmer vorlieb nehmen oder uns ständig neue Sofas anschaffen was schon aus finanziellen Gründen unmöglich war?

Nein, beides war wohl nicht die Lösung. Es blieb uns nichts anderes übrig, aber wir mussten uns schweren Herzens von Söffke trennen und ein Zuhause für sie suchen, wo sie nach Herzenslust hinpinkeln konnte wohin sie wollte. Am Besten auf dem Land.

Nachdem wir eine Anzeige gesetzt hatten, dauerte es zwar noch einige Zeit, aber dann waren neue Besitzer gefunden und sie lebten tatsächlich in ländlicher Umgebung. Der Umsiedlung stand damit nichts mehr im Wege. Natürlich verschwiegen wir Söffkes gelegentliche Unsauberkeit. Vermutlich wäre sonst ihre neue Familie ein ganz klein weniger von ihr begeistert ge-

wesen. Unser Muzel jedoch nahm den Weggang seiner Katzenschwester stoisch hin. Vermutlich war er
mehr als froh seinen Schlafkorb wieder ganz für sich
allein zu haben.

Ein zierfisch im Parkett

Ich wurde mit meinen fünf Jahren von allem weitestgehend ferngehalten, was mit Sozialismus zu tun
hatte. Der fand nur draußen statt, außerhalb der
Wohnung. Daß ich in einen Ostberliner, also sozia-
listischen Kindergarten gehen sollte, war darum gar
nicht erst vorgesehen. Mein Leben lief aus diesem
Grunde außerordentlich behütet, innerhalb unserer
Dreizimmer-Wohnung am Prenzlauer Berg ab. Diese
Wohnung war mein zu Hause, mein Märchen-Schloß
und der Ort meiner Abenteuer. Mein oft einziger
Spielkamerad war seinerzeit außer einem Stoffaffen
mit Brille, den ich Arschloch nannte, mein über alles
geliebter Muzel, ein dunkelgraugetigerter Wohnungskater, den meine Eltern fast sofort nach unserem Umzug in die neue Wohnung angeschafft hatten. Er hatte
seine Katzentoilette aus Sägespänen auf einen unser
beiden Balkone, übrigens neben meinem winzigen
Buddelkasten. Mein Kater verwechselte beides allerdings nie. Muzel konnte unter anderem hervorragend
Tennisbälle fangen, was er unter Beweis stellte bei di-
versen Tischtennismatches die sich meine Schwester

und mein zukünftiger Schwager auf unserem ausge-
zogenen Eßzimmertisch lieferten.

Muzel war mein Kamerad, mein vierbeiniger Bruder,
den ich allerdings nicht immer kameradschaftlich
oder brüderlich behandelte. Gelegentlich packte mich
der Teufel und ich hielt das arme Tier an unseren
heißen Kachelofen. Ich wollte wohl testen, ob der
Kater die Hitze des Ofens genauso gut vertrug wie
mein Teddy, den ich in der Ritze zwischen Wand und
Kachelofen aufbewahrte. Der Kater vertrug es blöder-
weise nicht so gut wie der Teddy und strafte mich auf
seine Art, er fügte mir einige ziemlich schmerzhafte
Kratzer zu. Mein Muzel war ganz nebenbei nicht nur

ein hervorragender Fänger von Tischtennisbällen, nein, er übte sich auch gelegentlich als Fischfänger. Er saß dann mit unendlicher Geduld stundenlang neben unserem Aquarium hielt seine eine Vorderpfote ins Wasser getaucht und wartete auf einen Zierfisch der ihm auf seinen Runden, unvorsichtigerweise zu nahe kam. Meines Erachtens wurde er nie fündig.

Einmal jedoch fand meine Mutter beim Großreinemachen ein seltsames Muster im Parkett. Beim näheren Betrachten entpuppte es sich als plattgetretener farbenfroher tropischer Zierfisch, der irgendwie unter den Teppich gerutscht war. Konnte es sein, dass mein Kater am Ende doch nicht so erfolglos gefischt hatte?

Die Wildkatzenfamilie

Eines Tages saßen sie in der Wildrosenhecke neben der Terrasse unseres dänischen Ferienhauses. Es war eine graugestreifte Katzenmama mit drei kleinen niedlichen Kätzchen.

Auch diesmal, wie schon beim kleinen furzenden Kater vermuteten wir, es seien Katzen aus der Nachbarschaft. Wenn wir jedoch versuchten ihnen zu nahe zu kommen, verschwanden sie sofort unter die sichere stachelige Rosenhecke und schauten uns von dort aus mit mißtauischen blauen Katzenbabyaugen an. Am zutraulichsten war noch die Katzenmama. Natürlich versorgten wir die Katzenfamilie mit Milch und Katzenfutter, was sie dankbar annahmen. Kamen wir ih-

nen jedoch während sie fraßen auch nur einen Schritt zu nahe, schwupp, saßen sie zischend sofort unter der Hecke. Stoisch versorgten wir sie weiter. Inzwischen war klar, dies konnten keine zahmen Katzen von dänischen Nachbarn sein, dies waren wilde frei lebende Exemplare.

Durch hartnäckige Fütterung schafften wir es, dass wir ihnen beim Fressen zuschauen durften. Allerdings beobachteten sie jede unserer Bewegungen misstrauisch, immer auf dem Sprung sich sofort zurück zu ziehen. Mit der Zeit ließen sie es auch zu, dass Maxi und Benny unsere beiden Sprösslinge sich neben sie hockten und ihnen zuschauten, während sie sich balgten. Sobald alle beide allerdings zärtliche Gefühle übermannten, die zum Ziel hatten, die Katzenkinder auf den Arm zu nehmen und sie zu streicheln, hatte dies unweigerlich jedes Mal ein wilde Verfolgungsjagt zur Folge, die seitens der Katzen in besagter Rosenhecke endete. Jedoch kam unsere Wildkatzenfamilie trotz allem pünktlich jeden Tag, um sich ihre Futterration abzuholen. Nur die Katzenmama gewöhnte sich schließlich so an unsere Gegenwart, dass sie sich von uns streicheln ließ, ihre Kinder jedoch weigerten sich standhaft und blieben so wild wie sie eben waren.

ZWERGSCHULE

Nichts war an dieser einklassigen Schule, dem Lehrer sowie seinen Methoden fortschrittlich, ganz im Gegenteil. Sie hätten gut ins vergangene neunzehnte Jahrhundert gepasst. Wir saßen eingeklemmt an langen Schultischen, die aufklappbar waren und die mit den Bänken eine Einheit bildeten.

Mein neuer Lehrer war vergleichsweise alt und herrschte mit absoluter Strenge über uns. Ich sah mit Erstaunen, dass dieser Mann notfalls auch mit einem nicht gerade dünnen Stock seinen Willen bei uns durchsetzten durfte. Allerdings glaubte ich zu Unrecht, daß ich als Mädchen nicht von diesem rigorosen Verhalten betroffen sein würde. Was sich sehr schnell als Irrtum herausstellte.

Eines Tages, nachdem ich während des Unterrichts der neben mir sitzenden Anita leise eine kurze Frage gestellt hatte, sauste ohne Vorwarnung der Stock auf meinen Rücken nieder. Ich bekam gar nicht so schnell mit, was da passierte, saß konsterniert und entsetzt da. Nicht einmal die Schmerzen waren das Schlimmste, sondern die Tatsache, daß ein Fremder mich un-

gestraft schlug. Den winzigen Schulhof mußten wir uns mit den Hühnern des Lehrers teilen. Einer meiner Mitschüler inspirierte die Anwesenheit der Hühner zu einer besonderen Mutprobe. Er steckte sich etwas von dem überall herumliegenden Hühnerkot in den Mund und schluckte es hinunter. Er fand dies wohl ganz besonders toll, wie fast alle übrigen Jungen, die ihn johlend umringten. Mir jedoch wurde schon vom Anblick speiübel.

Eines schönen Vormittags miaute während des Unterrichts etwas ganz jämmerlich auf der Fensterbank vor unserem Klassenfenster und wollte hinein. Es war meine kleine Katze, mein Muzel, der mir zur Schule gefolgt war, und jetzt verlangte, zu mir gelassen zu werden.

Alle Schüler sahen nur noch fasziniert zum Fenster, statt sich auf den Unterricht zu konzentrieren, bis der Lehrer in den Klassenraum hinein fragte, ob die Katze jemandem von uns bekannt sei. Ich meldete mich schüchtern und sagte, es sei meine. Ich hätte ihm soviel Humor nicht zugetraut, aber er meinte freundlich grinsend, ich solle dafür sorgen, daß die Katze vom Fensterbrett verschwände. Was ich auch tat. Ich brachte meinen Muzel so schnell ich konnte nach Hause, um mich danach so unauffällig wie möglich wieder auf meinen Platz zu setzen.

„DA STEHT EINE HERDE KÜHE IM GARTEN"...

...rief unsere Tochter eines Morgens völlig perplex und deutete aufgeregt auf etwas, was im nicht gerade riesigen Garten unseres gemieteten dänischen Ferienhauses herumstand. Es waren ganz ohne Zweifel Rinder, jedoch nicht Kühe, sondern männliche und das etwa zehn Stück. Sie grasten ganz friedlich, als sei es das Selbstverständlichste überhaupt.

Wie waren die da hingekommen? Am Abend zuvor waren sie zweifelsohne noch nicht da gewesen. Und vor allem, woher kamen sie und wem gehörten sie? Eine ganze Menge Fragen, die uns niemand beantworten konnte. Das Entscheidendste allerdings war, wie bekamen wir die Viecher aus unserem Garten? Dass sie dort nicht bleiben konnten, war klar, obwohl sie sich durchaus wohl zu fühlen schienen. Entweder die Bullen oder wir, beides ging nicht, dazu war der Garten wirklich zu klein.

Erst einmal duschten wir und zogen uns an. Danach frühstückten wir mit Blick auf unsere friedlich malmenden Rinder und überlegten, wie wir sie auf den

Weg oder zum freistehenden Bauernhaus rechter Hand bugsieren könnten. Niemand tat sich von uns Vieren durch besonderen Mut hervor. Ungeübt im Umgang mit Rindviechern, fehlte uns schlicht der Mut, sie mit einem Stock bewaffnet vom Grundstück zu treiben.

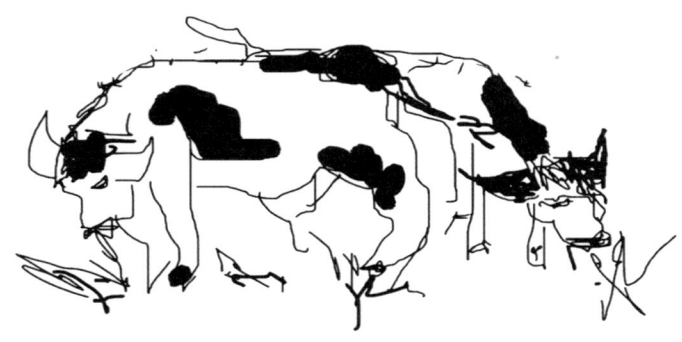

Wir hofften immer noch, sie würden sich von selbst überlegen, die Richtung zum Ausgang einzuschlagen. Wir entschlossen uns, ihnen ihr Idyll zu zerstören, die Haustür zu öffnen, uns ihnen zu zeigen. Schon dies allein hatte ungeahnte Auswirkungen. Sie blickten uns nach Rinderart zunächst etwas träge, um nicht zu sagen etwas blöde an, dann aber erschraken sie aus unerfindlichen Gründen und setzten sich in gemä-ßigtem Galopp in Richtung Ausgang in Bewegung, um wieder innezuhalten und jetzt unseren Ausgang von außen zu blockieren. Um der Sache noch mehr Nachdruck zu verleihen, setzten wir uns in unseren roten Ford Granada und trieben die jungen Bullen den Weg hinunter, bis sie endlich um die Ecke bogen und den Weg zum Strand einschlugen. Uff, das war geschafft…

Als wir später von unserem Ausflug zurückkamen, sahen wir wie unsere gehuften Kameraden gerade in ein anderes Ferienhausgrundstück einbogen und wie sie auf ihre besondere Art andere Feriengäste beglückten.

Die Hummel

Eines Tages im Frühsommer sah ich etwas Kleines, Rundes, Pelziges in der dämmrigen Ecke unseres Hausflurs liegen. Ich ging zu dem entzückenden Etwas und nahm es in meine kleine Hand. Aber zutiefst erschrocken ließ ich es sofort wieder los, denn es hatte mich gestochen. Warum hatte das kleine pelzige Etwas dies getan?

Weinend lief ich zu meiner Mutter und streckte ihr meinen höllisch schmerzenden Finger entgegen. Die hatte ziemlich schnell begriffen, dass meine lädierte Hand mit einem stechenden Insekt in Kontakt gekommen sein mußte. Sie versorgte meinen schmerzenden Finger, indem sie erst einmal den Stachel entfernte und mir dann irgendetwas Schmerzstillendes auf die Schwellung tat, die das Gift verursacht hatte. Dann ging sie mit mir zu der Stelle im dämmrigen Flur, wo es passiert war. Dort saß noch immer dieses kleine stechende, aber trotz allem wunderschöne Geschöpf. Meine Mutter bückte sich, um es näher zu betrachten und identifizierte es sofort als Hummel. In meinem bisherigen sechsjährigen Großstadt-Leben waren mir

Hummeln bisher nicht begegnet, schon gar keine stechenden Exemplare.

Äußerst trocken und lapidar meinte meine Mutter, dass ich, nunmehr hoffentlich gewitzigt, in Zukunft, die Finger von Hummeln und ähnlichen stechenden Insekten lassen würde.

Unfreiwilliger Selbstmord

„Gehört das vielleicht Ihrer Katze?", fragte mich die Frau völlig überflüssigerweise und hielt mir eine kleine Kapsel unter die Nase, in der sich Name und Adresse unseres Katers befanden.

„Dann holen sie sie bitte aus unserem Garten ab. Ich habe sie heute Morgen tot in unserem Gartentor hängend entdeckt", setzte sie etwas pikiert hinzu.
Wie konnte das sein? Was war geschehen? Geschockt vor Entsetzen lief ich neben der Frau her zu ihrem Haus ein paar Straßen entfernt. Sie deutete auf eine Katze, die zwar unser Muzel gewesen sein mochte, jedoch nicht mehr viel Ähnlichkeit mit dem dort lang ausgestreckten stocksteifen Tier hatte. Ich beugte mich zu ihm herunter, nahm ihn und legte ihn in den Einkaufskorb, den ich zu diesem Zweck mitgebracht hatte. Dann machte ich mich auf den Weg zurück nach Hause. Auf dem Weg dorthin schossen mir urplötzlich die Tränen aus den Augen und liefen mir unablässig die Wangen hinunter. Ich ging nicht auf dem Gehweg, wie gewöhnlich, sondern mitten auf der schmalen Strasse. Es war mir völlig egal, dass einige

herumstehende schwatzende Frauen mich, die völlig Aufgelöste, erstaunt musterten. Meine Trauer machte mich blind für alles, was um mich herum vorging. Zu Hause angekommen nahm ich den Korb mit dem steifen Tier und stellte ihn in einen Raum neben die Küche. Was sollte ich tun, was sollte mit meinem toten Kater geschehen? Noch immer schluchzend rief ich meinen Angetrauten auf seiner Dienststelle in Oldenburg an. Der konnte mich anscheinend kaum verstehen und musste öfter nachfragen, bis ihm annähernd klar war was passiert war. Er gab mir den Rat abzuwarten, bis die Leichenstarre des Katers sich verflüchtigt hatte und ihn dann zur nahen Mülldeponie hinüber zu bringen und ihn dort abzugeben. Abzuwarten bis der Rigor mortis nachgelassen hatte, war auch wirklich bitternötig, denn es war schon außerordentlich schwierig gewesen, das durch seine Starre überlange Tier in dem afrikanischen runden Korb unterzubringen, es war praktisch unmöglich und mir war im Nachhinein nicht mehr klar, wie ich es fertig gebracht hatte.

Inzwischen hatte meine Verzweiflung schon ein wenig nachgelassen und ich fragte mich warum mich, die schon so einige Todesfälle bei Katzen erlebt hatte, das Entsetzen so massiv gepackt hatte? War es die Tatsache im sechsten Monat schwanger zu sein? War es das Gefühl von Fremdheit, dass ich immer noch in dieser Gegend hatte, in die wir erst vor ein paar Monaten gezogen waren? War daran Schuld, dass ich zum ersten Mal wirklich ein Tier, zu dem ich eine enge Beziehung gehabt hatte, tot gesehen hatte? Viele viele meiner bisherigen Katzen waren nach einem ihrer nächtlichen Abenteuer nicht wieder nach Hause gekommen. Sie hatten mir erspart sie so zu sehen, wie den eben von mir nach Hause Gebrachten.

Vor allem fragte ich mich, wie das Ganze geschehen konnte. Was war überhaupt geschehen? Ich konnte nur noch vermuten, dass er auf seinem Streifzug durch die nächtlichen Gärten mit seinem Halsband an einer Metallstrebe des bewussten Gartentors hängen geblieben war und sich erdrosselt hatte. Warum war das blöde Vieh nur so unvorsichtig gewesen und vor allem, wie hatte er es geschafft sich gerade dort zu erhängen, wo er sich wahrscheinlich schon oft hindurchgezwängt hatte?

Ich ging hinüber und schaute voll Grausen auf meinen geliebten Kater, der jetzt, da ihn die Totenstarre langsam verließ, wieder seine normale Größe hatte und bequem in den Korb passte. Als ich den Griff des Korbes nahm um ihn hinüber zur Mülldeponie zu tragen, packte mich erneut die Verzweiflung. Die Tränen in den Augen machten mich blind für meine

Umgebung und ich konnte mich auf meinem schweren Gang kaum auf den Beinen halten. Ein Mitarbeiter der Mülldeponie zeigte mir einen Container, der extra für tote Kleintiere vorgesehen zu sein schien. Die Klappe ging auf und ich musste meinen Muzel, der mir so ans Herz gewachsen war, so grauenhaft unprätentiös begraben. Ich ließ ihm den Korb als Sarg. Ich hätte es ohnedies nicht über mich gebracht ihn weiterhin zum Einkauf zu verwenden, es wäre mir zu unhygienisch und vor allem zu gruselig erschienen. Die Klappe fiel zu, die Sache war erledigt. Wie sollte ich ohne meinen kleinen, hintersinnigen und humorvollen, vierbeinigen Freund weiter leben?

Ausflug in den Schornstein

Es war mir schon klar, dass man ein Haustier nicht so ohne weiteres durch ein anderes ersetzen sollte oder konnte, doch lange hielt ich es nicht ohne schurrenden Vierbeiner aus, nachdem unser Kater Muzel V. auf so unglückliche Weise das Zeitliche gesegnet hatte.

Unsere neue Katze stammte aus einem Wurf von ziemlich kleinen und mickrig geratenen Exemplaren. Sie, ein weibliches Tier war von allen noch das Kräftigste und Ahnsehnlichste. Trotz allem war sie, obwohl schon sechs Wochen alt, nur eine Handvoll von Katze. Da uns schien, dass der Name Muzel noch vom kürzlich Verstorbenen besetzt war und er darüber hinaus ein Name war, der in unserer Familie lediglich männlichen Tieren gegeben wurde, nannten wir sie Hasi- Hasi.

Unser neues Familienmitglied war ein graugetigertes ziemlich vorwitziges Wesen, das sich todesmutig in der Weihnachtszeit mit brennenden Kerzen anlegte und auch seltsamer Weise mit meinem ausgestreckten Zeigefinger, den sie aus mir völligunverständlichen Beweggründen überhaupt nicht leiden mochte. Hasi-

Hasi war selbstverständlich ein völlig anderer Charakter als alle andern Katzen und Kater die ich gekannt hatte. Schmusen tat sie ausschließlich mit meinem Angetrauten, indem sie sich auf seinen Schoß stellte und ihren Kopf in einer seiner Achseln vergrub.

Hasi-Hasi war nicht nur überaus kiebig, nein sie war auch sehr abenteuerlustig. In alles, was nach Öffnung aussah musste sie unbedingt hinein und es inspizieren. Auch vor unserem noch nicht verschlossenen Schornstein im Keller machte sie selbstverständlich nicht halt. Eines Tages spazierte mir ein kleines völlig verändertes Kätzchen entgegen, das nicht mehr hellgrau getigert war sondern eine einheitlich graubraune Farbe aufwies. Verblüfft nahm ich sie auf den Arm und merkte sofort dass sie über und über mit klebrigem Ruß verschmiert war. Sie schien dies überhaupt nicht zu stören, mich schon eher. Wie sollte ich das kleine Mistvieh wieder sauber bekommen? Ob sie sich ein Bad im Waschbecken so ohne weiteres gefallen ließ? Bestimmt nicht! Und so war es auch. Als ich sie im Nacken packte und in das warme Wasser tauchen wollte, wehrte sie sich entsetzlich. Die Säuberung artete zu einer wahren Wasserschlacht aus, in der nicht nur das Bad stark in Mitleidenschaft gezogen wurde, sondern ich selbst auch nicht ungeschoren davon kam. Meine Hände und Arme wiesen hinterher diverse Spuren der Wehrhaftigkeit der Bebadeten auf. Der Fettige Ruß wollte nicht weichen. Auch nach der Waschaktion sah das Tier noch nicht viel besser aus. Allerdings verzichtete ich darauf das Ganze noch einmal zu wiederholen. Sollte sie doch sehen, wie sie selbst wieder sauber wurde.

Poldihund...

…war ganz augenscheinlich *ein Kind der Liebe*, besser ein Mischling. Er hatte lange grau-weiße Haarstränen, ähnlich einem Bobtail, war allerdings kleiner als ein solcher und wurde meinen Eltern bei Nacht und Nebel als niedliches Hundebaby in den Vorgarten gesetzt, anonym versteht sich. Meine Eltern, sehr Tierlieb, erbarmten sich seiner, nahmen ihn zu sich und nannten ihn Poldi, besser *Poldihund*.

Er, obwohl eine Seele von Hund, gehörte nicht zu den wirklich sanften Exemplaren und hatte von klein auf einen Mörderspaß daran, mit mir zu kämpfen. Den Gegenstand, den ich ihm vor die Nase hielt, etwa einen alten Hauschuh oder einen Ball, zerfetze er nach allen Regeln der Kunst. Ähnlich ramponiert sahen dann hinterher meine Hände aus, bis ich beschloss doch lieber alte ausrangierte Lederhandschuhe bei unseren wilden Spielen zu tragen. Dies bekam meinen Händen entschieden besser.

Unser neues, bellendes, vierbeiniges Familienmitglied hatte seinen eigenen Kopf und setzte ihn selbstverständlich auch notfalls ohne ausdrückliche Erlaubnis durch. Sämtliche Erziehungsversuche seitens meiner Eltern prallten an ihm ab. Er war und blieb ein Wildling.

Poldi hatte sehr schnell heraus, wie er sich Freiheit verschaffen konnte, wie er durch die Hecke, die den Garten von der Strasse abgrenzte, entwischen konnte. Sobald er sich im Garten befand, war er durch nichts und niemand zu halten. Poldi witterte Morgenluft und nahm sofort die Gelegenheit war, um sich dünne zu machen. Die ersten dieser Ausflüge waren noch denkbar kurz. Nachdem er sich durch das Loch in der Hecke die Freiheit erkämpft hatte, stand er irritiert fiepend vor dem Gartenzaun. Man möge ihn doch gefälligst wieder ins Haus lassen, er hätte genug Freiheit gekostet.

Dieser Freiheitsdrang war ihm durch nichts abzugewöhnen, nicht einmal durchs Stopfen der Löcher im Zaun. Ganz im Gegenteil. Egal wie oft mein Vater versuchte ihm die Tour zu vermasseln, Poldi fand immer wieder ein Schlupfloch und sei es noch so klein. Er hatte Blut geleckt und nach den ersten denkbar kurzen Abenteuern wurden seine Touren länger und länger. Mitunter dauerten sie mehrere Stunden. Natürlich bangten meine Eltern zu recht um die Gesundheit ihres Hundes während dieser Spritztouren, doch passierte ihm zum Glück nie etwas. Er hatte halt mindestens einen guten Schutzengel, wahrscheinlich jedoch eine ganze Armada, die dafür sorgte, was immer er auch während dieser Ausflüge trieb, schließlich irgendwann wieder heil, gesund und winselnd vor der Tür meiner Eltern zu stehen.

PÜPPI UND STÖPSEL...

...waren zwei von uns adoptierte schnurrende Vier-
beiner, die meiner verstorbenen Mutter gehört hatten.
Nun saßen die Verwaisten, traurig, die eine auf dem
Schrank im Flur, die andere halb versteckt unterm

Küchentisch auf einem Stuhl, im ebenso verwaisten
Haus meiner Mutter. Da meine Schwester sie nicht
nach Berlin mitnehmen wollte und ich die beiden
nicht einem ungewissen Schicksal überlassen wollte,
entschieden mein Angetrauter und ich uns spontan

dazu, künftig zwei Katzen mehr an Bord zu haben. Wenn wir eine Katze ernähren konnten, dann selbstverständlich auch drei, meinten wir. Die beiden waren zwar Geschwister, sahen sich jedoch denkbar unähnlich. Stöpsel, ein kräftiger kompakter Kater, war voluminös langhaarig und hatte rotgoldenes Fell. Seine kleinere, zierlichere Schwester hingegen war eine Schildpatt- bzw. Vierfarbenkatze. So unterschiedlich wie ihr Aussehen war auch ihr Charakter. Stöpsel, ein gutmütiger, phlegmatischer ruhiger Vertreter, seine Schwester dagegen eine zickige, empfindliche und umtriebige Wanderkatze. Meine Schwester gab uns in Ermangelung zweier Katzentransportkörbe zwei uralte Oma- Einkauftaschen mit Reißverschluß, in die jeweils eine Katze gesteckt wurde für den Transport im Auto von Ostfriesland nach Bremen. Beide Taschen standen nebeneinander im Fond unseres Golfs direkt hinter unserer knapp einjährigen Tochter Maxi in ihrem Kindersitz.

Auf etwa der Hälfte der Strecke hörten wir seltsam unheimliche Geräusche aus dem dunklen Hintergrund des Wagens. Erschrocken schaute ich nach hinten. Dort sah ich Stöpsel, wie er schauerlich tiefe, gar nicht katzenähnliche Töne ausstoßend, versuchte, sich von der Einkaufstasche, ähnlich einem Schmetterling, von seinem Kokon, zu befreien. Er hatte es schon zum größten Teil geschafft. Die Tasche klebte nur noch an seinem Hinterkörper. Seine Schwester hingegen saß wenigstens immer noch völlig ruhig und friedlich in ihrer Tasche. Eine freilaufende Katze in einem fahrenden Objekt kann unter Umständen zur Zeitbombe werden, denn Katzen mögen es überhaupt nicht im Auto herumkutschiert zu werden. Sie können zur rasenden Furie werden, die panisch im Wageninneren herumsaust und den Ausgang sucht. Aus diesem Grund mussten wir schnellstens einen Parkplatz ansteuern, um den sich befreienden Stöpsel wieder in seinen Behälter zurück zu stopfen. Den Rest der Strecke legten wir unter dem weiterhin anhaltenden Röhren des verhinderten Ausbrechers und in ständiger Angst zurück, auch die zweite Katze könnte den langen Transport inzwischen leid sein und eigene Befreiungsversuche starten. Zum Glück verschlief Maxi die aufregenden Ereignisse des Katzentransports. Ein Kleinkind, das auf seine Weise in den Katzengesang mit einstimmt, wäre auch des Guten wirklich zuviel gewesen.

DIE BEIDEN RATTENFÄNGER

Sehr schnell gewöhnten sich unsere beiden Adoptierten nicht an uns, vor allem nicht an ihre neue Katzenschwester Hasi-Hasi, die sie mit Argusaugen betrachteten. Stöpsel verzog sich um seine Ruhe zu haben, sehr oft in eine ruhige Ecke, denn jegliche Art von Betriebsamkeit war ihm suspekt. Um einen wirklich ungestörten Platz zu erwischen, machte er auch vor der Trommel unseres Wäschetrockners nicht halt. Seine Schwester Püppi hatte eine andere Methode sich dem Trubel von zwei Katzen und einem allzu aufdringlichen Kleinkind zu entziehen. Sie unternahm lange und ausgedehnte Wanderungen. Als wir sie durch Zufall dort entdeckten, wo sie hätte eigentlich gar nicht hätte sein dürfen, nämlich ziemlich weit von unserem Haus entfernt, nahmen wir sie eines Tages zu einem abendlichen Spaziergang mit, um sie zu testen. Sie marschierte neben uns, meinem Mann und dem Buggy mit unserer Tochter her, als sei es das Selbstverständlichste der Welt. Sie machte natürlich Abstecher links und rechts in die Büsche, kam aber brav immer wieder zu uns zurück. Sie marschierte so souverän neben uns her, als sei ihr selbstverständlich die Gegend, die gute drei Kilometer von unserem Haus entfernt war in allen Details bekannt. Äußerst mysteriös, wenn bedachte, dass sie sich erst wenige Monate in Bremen befand. Wie konnte das angehen? Irgendwann nahm ich Püppi, unsere Wanderkatze auf den Arm und wir schlugen den Heimweg ein. Ich wollte nicht riskieren, dass sie uns doch noch irgendwann abhanden kam.

Seltsamerweise kamen meine beiden Adoptivkatzen, obwohl sie vom Land stammten, irgendwie nicht mit Ratten und Mäusen klar. Mitunter machten sie sich zwar gemeinsam daran, eine Ratte zu jagen. Sie ließen sie dann jedoch halbtot liegen, setzten sich einander gegenüber die Ratte zwischen sich, um diese fassungslos anzustarren.

Da mir dies Verfahren als Ausbund der Tierquälerei erschien, fasste ich den Entschluss die Sache so schnell wie möglich zu beenden. Aber wie? Erst einmal scheuchte ich die beiden Versager von Katzen fort, dann überlegte ich, wie ich die Leiden der halbtoten Ratte so schnell wie möglich beenden könnte. Ich nahm mir also unseren Spaten schloss meine Augen biss die Zähne fest zusammen und schlug zu. Ich öffnete meine Augen, die Ratte zuckte immer noch, wie entsetzlich, wie grauenhaft. Ich musste noch zweimal zuschlagen bis das arme Tier wirklich im Jenseits war.

Danach war ich völlig fertig, saß zusammengesunken auf einem Gartenstuhl. Was hatte ich getan? Wie konnte ich nur, wie konnte ich die arme Ratte ermorden? Ich beschloss mich nie, aber wirklich nie wieder als Rattentöter zu betätigen.

EIN AUS DEM NEST GEFALLENER MAUERSEGLER…

…schleppten eines Tages meine beiden Sprösslinge an. »Nein, bitte nicht auch noch das!«, dachte ich nicht gerade begeistert. Denn zwei Katzen und drei Hamster reichten eigentlich, fand ich. Jetzt auch noch ein Mauersegler. Ich beäugte ihn mißtauisch, was fehlte ihm eigentlich? »Er kann nicht fliegen«, sagten meine Beiden aufgeregt. »Und was soll ich dabei tun?«, fragte ich etwas ungehalten, aber der Franz von Assisi in mir hatte schon gesiegt. Ich nahm den Mauersegler und untersuchte ihn vorsichtig. Ich konnte nichts Auffälliges entdecken, keine äußerlich erkennbare Verletzung und kein Bruch, nichts, was darauf hindeutete, dass der Vogel nicht fliegen könnte. Ich warf ihn kurz in die Luft, um seine Flugfähigkeit zu testen, aber er flatterte nur kurz, um sofort wieder zu Boden zu sacken.

In Ermangelung eines Käfigs setzen wir den schwarzen Kameraden erst einmal in einen geflochtenen afrikanischen Einkaufskorb und legten, damit er sich beruhigte ein Tuch über denselben.

Es blieb uns wohl nichts weiter übrig, als mit dem Vogel zum Tierarzt zu gehen, um rauszubekommen, was ihm fehlte. Vor allem röntgen wäre nicht schlecht, vielleicht war ja doch der Flügel, den er abspreizte angebrochen, oder er hatte eine Gehirnerschütterung. Der Tierarzt untersuchte und röntgte, aber er fand auch nichts, was auf eine Verletzung irgendwelcher Art hätte hindeuten können. Was jetzt? Vogel gesund, fliegt aber nicht! Also wieder nach Hause! Was fängt man mit einem Mauersegler an, der ums Verrecken nicht fliegen will? Abwarten und erst mal, beim Vogelschutzbund erkundigen, was Mauersegler so futtern. Außerdem erkundigen, wie man einen Mauersegler zum fliegen bringt. Angeblich fressen diese Vögel gerne Mehlwürmer. Wieso eigentlich? Kriegen sie doch normalerweise wohl auch keine, egal.

Wie man den Vogel dazu bringt seine Flügel zu benutzen, wussten sie auch nicht. Also erst einmal eine Tüte voll Würmer im Tierfachgeschäft kaufen und dem Piepmatz davon anbieten. Der aber wollte weder fliegen noch fressen. Die Schwierigkeiten mit dem Vieh wollten kein Ende nehmen. Wir entschlossen uns ihn gegen seinen Willen zu ernähren, ihm die Mehlwürmer mit Gewalt in den Schnabel zu stopfen. Das war übrigens Aufgabe meiner beiden Sprösslinge. Er ließ es geschehen, schluckte aber nur sehr widerwillig. Einmal am Tag warfen wir ihn in die Luft, um ihn zum Flattern zu animieren. Vielleicht, vermutete ich, ist sein Schock, warum auch immer, dermaßen groß, dass er ihn von alleine nicht überwinden kann. Also behandelte ich ihn kurzfristig homöopathisch gegen Denselben, was allerdings auch keinen Erfolg brachte.

Der Vogel wollte eigentlich nicht fressen und auch nicht fliegen. Es war nichts zu machen, gar nichts… Und eines schönen Morgens war er dann in den Vogelhimmel abgedampft oder wie die Indianer sagen, in die ewigen Jagdgründe, dort wo immer schönes Wetter ist, wo er nichts fressen muss und fliegen kann er dort auch, ohne seine Flügel benutzen zu müssen.

Ein schmatzender Igel

Igel sind eine seltsame Spezies, sie gehören zu den äußerst vorsichtigen, scheuen, zurückhaltenden und meist unsichtbaren Geschöpfen.

Außerhalb unseres Hauses sind mir trotz allem schon welche des Öfteren begegnet. Beispielsweise bei abendlichen Spaziergängen mit meinem Mann auf dem Campus unserer Universität seinerzeit marschierte längere Zeit ein stachliger Geselle neben uns auf dem Rasen her. Er begleitete uns sozusagen anonym. Nahm man ihn jedoch zur Kenntnis, bewegte sich auf ihn zu, sprach mit ihm, rollte er sich sofort zusammen und aus war's, nichts ging mehr.

Auf einer ebenfalls abendlichen Fahrradtour mit unseren noch kleinen Kindern trafen wir erneut auf ein Stacheltier. Er trippelte über den Fahrradweg um sich dann neben demselben stehen zu bleiben und uns neugierig anzuschauen, ein absolutes Novum. Ich war baff. Unsere Kinder hockten sich zu ihm auf den Boden und sofort, schwupp, aus der Traum, er hatte sich zusammengerollt. Meine beiden Sprösslinge streichelten, tasteten über die Stacheln und setzten den Igel etwas weiter vom Fahrradweg ins Gebüsch.

Ein andermal, wir waren auf dem Weg zu einem Bauern in Lilienthal, um uns mit unserer wöchentlichen Ration Roh-Milch direkt vom Bauern einzudecken sahen wir schon aus der Entfernung im Scheinwerferlicht etwas kleines Rundes auf der Fahrbahn, der schmalen Straße sitzen. Mein Mann hielt sofort an und setzte den kleinen zusammengerollten Kameraden am Straßenrand ab. Er überlegte allerdings ernsthaft, da wir schon Ende November hatten, ob wir ihn seiner kleinen Statur wegen, nicht besser in einem Tierheim überwintern lassen sollten.

Auch in der Nähe unseres Hauses gab, gibt es Igel, jedoch sahen wir sie nie, wir hörten sie nur durchs Laub rascheln oder hörten sie äußerst laut schmatzen. Mein Angetrauter glaubte *ihm* eines Tages ein Schälchen Milch und einen Apfel in unseren Garten stellen zu müssen. Das hätte er nicht tun dürfen! Nicht nur, dass der unsichtbare Stachlige weder Apfel noch Milch anrührte, nein, da er sich in seiner Anwesenheit in unserem Garten vermutlich ertappt fühlte, wanderte er aus und wir hörten sehr lange nichts mehr von *ihm.*

Hören wir heute ab und zu dies verräterische schmatzende Geräusch, das nur von einem Igel stammen kann, belassen wir es besser dabei. Es reicht zu wissen, dass er da ist auch wenn er unsichtbar bleibt.

KATZENGREIS

Alle meine bisherigen Katzen gingen sehr früh in den Katzenhimmel, keine wurde älter als wenige Jahre. Stöpsel, der adoptierte Kater, war da eine absolute Ausnahme. Wie alt er war, als wir ihn bekamen, ist mir nicht bekannt, jedoch vermute ich, dass er nur wenige Jahre älter als meine Tochter sein konnte.

Stöpsel war ein sehr ruhiger, rotblonder, friedlicher Kater, der sich nicht unbedingt viel und weit von unserem Haus wegbewegte. Er war das Gegenteil von umtriebig und deshalb hatte er wohl auch die Chance alt, richtig alt zu werden. Ich war begeistert! Endlich eine Katze, die längere Zeit bei uns blieb. Auch seine Schwester Püppi, die Wanderkatze war eines Nachts von einer ihrer Wanderungen nicht wieder nach Hause gekommen…

Immer wenn meine Tochter ein Jahr älter wurde, addierte ich gedanklich drei oder vier Jahre hinzu. Als sie also zwölf wurde, war er vermutlich sechzehn, also schon ein ganz schön angejahrter Kater, ein Katzengreis also. Abgesehen von Ohrmilben, die wie fürchterlich verdreckte Ohren wirkten und ein stark

verfilztes Fell, hatte er lange Zeit keine besonderen gesundheitlichen Beeinträchtigungen.

Allerdings mit seinem fünfzehnten Lebensjahr, wenn man diese Zahl mit sieben multipliziert, war Stöpsel seinerzeit schon Hundertfünf, fing es jedoch an etwas kritisch zu werden. Schön wäre es gewesen, wenn er als relativ gesunder Kater einfach aus den Pfoten gekippt wäre und das wär's dann gewesen. Jeder Mensch wünscht sich solch einen Abgang und selbstverständlich wünscht er es auch seiner Katze. Doch so einfach sollte es uns das Leben nicht machen!

Eines Nachts miaute unser Stöpsel bestialisch, stieß einem Kater fast unähnlich tiefe unheimliche Töne aus. Was war los mit ihm? Der Tierarzt stellte Nieren-steine fest und entfernte sie. Erst einmal schien alles ok zu sein. Doch einige Zeit später begann er Durch-fall zu bekommen, etwas matschige Stoffwechselend-produkte hatte er immer gehabt, jedoch wurden jetzt seine Rückstände richtig flüssig und ließen sich durch nichts und niemanden dazu bewegen wieder fester zu werden. Kein Tierarzt, kein Tierhomöopath oder Tierheilpraktiker konnte den Grund seines Leidens feststellen, noch viel weniger sein Leiden selbst besei-tigen.

Der Durchfall blieb. Mitunter besserte er sich ein wenig, um dann wieder so heftig zu werden, dass er sehr oft sein stilles Örtchen nicht mehr erreichte und sich eben vor dem Katzenklo entleerte. Derjenige, der schon einmal die flüssige Variante von Katzenschiete entfernt hat, weiß wovon ich spreche, es riecht bes-tialisch. Die normalen Katzenrückstände sind schon nicht das Pralle, jedoch die flüssige Form ist für je-den, der nicht als Samariter geboren ist, eine wahre Prüfung.

Zunächst merkte man unserem Katzengreis körper-lich noch nichts an, er wirkte so voluminös und rund wie immer. Doch dies blieb nicht so. Er baute immer mehr ab, fraß zwar viel, jedoch behielt er das, was er fraß nicht lange bei sich und sonderte es ziemlich schnell ab. Er begann sich zu vernachlässigen, pflegte sich nicht mehr richtig nach Katzenart, dadurch wurde sein ehemals so schönes goldenes Fell zottelig und verfilzt. Es brachte mich fast um, unseren ehemals so schönen langhaarigen Kater so zu sehen.

Wieder gingen wir mit ihm zum Tierarzt. Wieder fand er nichts, was auf eine Krankheit hindeuten könne. Trotzdem habe *er* vor, mit einer Wurmkur, eine sehr ausgiebige Testreihe (sehr kostspielige Behandlung) zu beginnen. Das Wort kostspielig erwähnte er vorsichtshalber nicht. Vorsichtig fragten wir nach, ob denn, wenn sich der gesundheitliche Zustand unseres Stöpsels verschlimmern würde, die Möglichkeit bestände, in Anbetracht seines fortgeschrittenen Alters, ihn von seinen Leiden zu erlösen. Mit äußerst abweisendem kaltem Blick wies er dies Ansinnen als völlig absurd zurück. Wir waren entlassen und vor allen Dingen allein gelassen mit unserem Problem.

Gerne hätten wir gesehen, wenn sich der Gesundheitszustand unseres Stöpsels tatsächlich gebessert hätte. Wir hofften auf ein Wunder, welches nicht eintreten wollte. Nicht nur, dass er sein Fell nicht mehr pflegte, nein, zu allem Überfluss blieben jetzt nach jedem seiner Katzenklobesuche Rückstände dessen, was er in oder vor der Toilette zurückließ an seinem Fell hängen. Mir blieb nichts weiter übrig, als unseren

Stöpsel regelmäßig zu säubern, dass bedeutete zu baden.

Als unser Kater mit seinem am Körper klebenden nassen Fell bibbernd vor mir stand, bemerkte ich erst, wie entsetzlich mager er geworden war. Es kam der Tag, wo er mir mit eingesunkenen Augen schwankend, sich kaum noch auf seinen vier Beinen haltend, entgegen kam. Ein Bild des Jammers. Mein Mann und ich beschlossen, das zu tun, wozu der letztbehandelnde Tierarzt nicht in der Lage gewesen war. Wir beschossen unseren Katzengreis endlich von seinen Leiden zu erlösen und ihn in die ewigen Mäusejagtgründe eingehen zu lassen.

BISI

Drei Jahre hatte es gedauert, in der wir um unseren Stöpsel trauerten und bis wir uns gedanklich wieder an eine Katze herantrauten. Benny, mein Sohn, gab den Anstoß, denn er war die katzenlose Zeit endgültig leid. Zeit seines zwölfjährigen Lebens hatte es bei uns Katzen gegeben, er war es nicht anders gewöhnt und er wollte selbstverständlich wieder eine haben. Und als die Katze eines seiner Schulfreunde schwanger war und kurz davor stand zu werfen, meldete sich Benny als Anwärter eines der zu erwarteten Katzenbabys an. Die Katzenmama war pechschwarz und so würden vermutlich auch ihre Kinder sein, nicht rotblond wie Stöpsel, gab ich zu bedenken. Egal, die Farbe war Benny völlig wurst, Hauptsache Katze.

Die Durststrecke, bis er das kleine Tier bekam, war denn doch eine etwas längere, denn erst mussten die Viecher geboren sein und dann noch acht Wochen alt, bis er sein Katzenkind abholen konnte. Als der Wurf dann draußen war, machte Benny erst mal einen Antrittsbesuch, um die Kleinen zu begutachten. Sie waren tatsächlich pechschwarz, einige jedoch hatten kleine weiße Flecken im Fell. Zunächst jedoch waren sie noch blind und völlig abhängig von ihrer Mama, kleine schwarze hilflose Fellbündel.

Endlich nach besagten acht Wochen, die Fellbündel hatten sich zu spielenden, wuselnden, temperamentvollen Geschöpfen entwickelt, war es Zeit unser neues Familienmitglied abzuholen. Vor Neugierde geplagt, begleitete ihn seine fünf Jahre ältere Schwester. Da das Katzenmädchen, das ihnen am besten von allen Katzenkindern gefiel, schon jemandem versprochen war, ließen sie sich einen kleinen Kater aufschwatzen, der angeblich der Verschmusteste von allen war… Es mochte ja sein, dass dieser kleine Kater, den meine beiden Sprösslinge da anschleppten, verschmust war, ausschauen tat er jedenfalls wie ein kleiner schwarzer Teufel mit weißen Flecken.

Ich hatte leider recht mit meiner Einschätzung seines Charakters, er trieb es vom ersten Tag an ziemlich toll, sprang tatsächlich sofort auf alles und jedes zu, was sich bewegte, um es mit seinen Krallen zu packen und mit aller Kraft, seines Kindergebisses hinein zu beißen. Natürlich war unser Teufelchen trotz allem ein niedliches kleines Fellbündel, das abends jammervoll nach seinen Geschwistern, vor allem nach seiner Mama miaute und meine Tochter dazu veranlasste Mutterstelle an dem Kater zu vertreten und sich seiner anzunehmen. Immer, wenn er nur im Ansatz das Maul öffnete, um einen Laut heraus zu lassen, reagierte Maxi trotz meiner Warnung sofort und erfüllte ihm alle tatsächlichen und vermeintlichen Wünsche, um das kleine niedliche Katerchen ruhig zu stellen und da unser neues Familienmitglied nicht doof war, entwickelte er sich zu einem außerordentlich verwöhnten und verzogenen Fratz.

Auch die Frage der Namensgebung war keine einfache Sache, so wie bei fast allen anderen Katzen zuvor. Ich schwankte zwischen dem altbewährten Muzel, der Einfachheit halber, und Diabolo, wegen seines Aussehens. Maxi meinte allerdings, warum auch immer, er müsse *Bisi* heißen und dabei blieb es.

Unser kleiner schwarzer Teufel mit Namen Bisi, obwohl Diabolo passender gewesen wäre, griff derweil weiterhin alles an, was sich bewegte und zerfleischte, einer großen Raubkatze gleich, derweil Arme, Hände und Beine meiner Kinder. Es schien so, als hätte ihm irgendjemand Blut zu saufen gegeben. Mit ihm zu spielen war nicht ungefährlich und deshalb hielt ich mich wohlweislich zurück und diente ihm lediglich als Schlafkissen, wenn er sich erschöpft zusammenrollte. Dann lag er so, als könne er kein Wässerchen trüben, auf meiner Brust und schnurrte zufrieden vor sich hin. Meine Tochter Maxi fand unseren kleinen Mörder süß, mein Sohn diente ihm als Kampfpartner und ich, die lieber eine sanfte friedliche Katze gehabt hätte und kein Kampfaas, blieb auf der Strecke. Meine Beziehung zu ihm blieb lange Zeit äußerst zwiespältig.

Natürlich wurde Bisi mit den Jahren etwas zahmer und friedlicher, jedoch konnte es sein, wenn man ihn an der falschen Stelle streichelte, er sich wie von der Tarantel gestochen herumschoß und sich in der zuvor streichelnden Hand verbiss. Hallo, hatten wir etwa einen Kampfhund, der nur so aussah, wie eine Katze!?! Es verbiss sich nicht nur mitunter in die streichende

Hand, nein, er hechtete mich auch an, wenn ich neben ihm saß und ihm gedankenverloren übers Fell strich und biss mir in die linke Schulter.

Nun könnte man vermuten, unser Kater sei ein großes muskulöses Tier, eher einem Panter gleich. Mitnichten, er ist ein ganz normal gebauter schwarzer Kater und eher zierlich, als kräftig, nur unserem schwarzen Teufel Bisi ist dies nicht klar!